Bérengère Humbert

Vivons notre éloge funèbre

Comment vivre sa vie avec intention et authenticité.

ISBN 978-2-9594687-0-4

TABLE DES MATIÈRES

INTRODUCTION

Aussi loin que je m'en souvienne, j'ai toujours eu un besoin d'urgence avec la vie. J'ai toujours eu l'impression d'être pressée. Je voulais que tout arrive et vite. J'étais plus que consciente qu'il y avait une fin, une fin sur laquelle je n'avais aucun contrôle. Je pensais toujours au fait qu'aussi libres que nous croyons être, nous ne décidons pas d'être nés et nous ne choisissons pas quand nous mourons, ce qui m'a fait réfléchir au suicide très jeune. Ce livre ne parle pas du suicide, un sujet que je suis totalement incapable et non qualifiée à traiter ou aborder comme il se devrait. J'ai la chance de ne l'avoir jamais considéré comme une option, même quand je traversais des moments de désespoir. J'aime beaucoup trop vivre. Même quand je suis dans des phases où je veux tout contrôler, quelque chose me dit que le suicide est une option que nous avons tous mais que je n'aurais jamais besoin de l'utiliser. J'ai toujours eu une rage de vivre plus importante. Je suis privilégiée, je n'ai pas de graves problèmes de santé mentale, si bien que quand j'ai l'impression d'être acculée par la vie, je peux toujours trouver des ressources en moi et chez les autres pour me remettre sur pied et aller de l'avant.

Je me considère comme une personne heureuse avec un sentiment permanent de solitude. J'ai toujours été entourée mais je me suis rarement sentie comprise et encore moins je n'ai eu de sentiment d'appartenance. J'ai grandi au son du reproche, j'étais trop intelligente et rebelle. J'avais trop de personnalité et de caractère. Tout le monde me trouvait pénible. Les adultes me décrivaient comme insolente, un enfant qui était « l'œil de Moscou ». J'avais trop de répartie. J'étais brillante mais je n'exploitais pas tout mon potentiel. La contradiction était ma seconde nature, et c'était trop à supporter pour ceux qui m'entouraient. Ça a été comme ça jusqu'à ma céré-

monie de remise de diplôme de master, durant laquelle deux de mes professeurs m'ont dit les choses suivantes :
– « Bérengère, quand vous parlez les gens restent silencieux et vous écoutent ».
– « Bérengère, vous êtes brillante, avec un soupçon d'enfant rebelle. Si vous trouvez les bonnes personnes pour travailler avec vous, des gens qui comprendront votre fonctionnement et comment gérer votre témérité, vous ferez des merveilles, si non, cela sera difficile pour vous ».

Quand j'avais environ 5 ans, mes grands-parents me punissaient régulièrement parce que j'étais « trop » pour eux. J'ai passé beaucoup de moments au coin, les mains sur la tête parce que j'étais trop bruyante et énergique. La règle était d'être « sage comme une image », ou je serais punie pour mon insolence ou simplement parce que je m'amusais. Quand j'y repense maintenant adulte, je comprends que j'étais principalement punie d'être une enfant. À l'école ce n'était pas mieux, j'ai passé beaucoup de temps en punition parce que je distrayais la classe une fois que j'avais fini mon travail avant les autres. J'étais aussi souvent réprimandée parce que je trouvais les réponses sans nécessairement passer par toutes les étapes « requises » des exercices. Je ne suivais pas les consignes, ce qui en soit constituait une raison valable de me punir. Au collège, j'ai vécu une expérience hallucinante, à la fin d'un cours, l'une de mes profs a expliqué à la classe que chez elle, lorsque son fils faisait n'importe quoi, elle l'appelait Bérengère. Pourquoi a-t-elle partagé cela avec toute la classe, vous demandez-vous ? Parce qu'elle trouvait, ce jour-là, que mon classeur de cours n'était pas suffisamment soigné. J'avais pourtant l'une des moyennes les plus hautes de toute la classe, mais curieusement, j'étais perçue comme une faiseuse de trouble.

Une autre de mes profs m'a également dit un jour que je ne faisais pas assez en cours, malgré une moyenne qui frôlait le 20. Dans ces situations, j'utilisais ma — alors fameuse — attitude pour leur répondre et demander des explications ; pour autant j'étais déconcertée que des profs puissent agir de la sorte. J'avais des amis ; j'étais chanceuse d'être plutôt intégrée. Mais, j'étais malgré tout perçue comme « différente ». Mon tempérament m'a préservée du harcèlement bien que, à l'époque, j'avais le profil parfait pour en être victime.

Alors, comment ai-je trouvé une paix relative et avancé vers l'âge adulte ? Je me suis sur-adaptée ; j'ai créé une version de moi-même qui était socialement acceptable. Je me suis sentie seule – très souvent. Malgré tout, je savais que cela me permettrait de ne pas m'attirer des ennuis jusqu'à ce que je sois suffisamment âgée pour ne plus avoir à me préoccuper de mon intégration. Aujourd'hui je suis dans la fin de ma trentaine, et grâce à des années de thérapie, je suis convaincue de deux choses : qui je suis et que je me moque de ce que les gens pensent de ma vie. Enfin, la plupart du temps. Je reste humaine, avec un mélange explosif d'hormones, d'expériences, de sentiments, et d'émotions. À travers mes expériences de vie, j'ai rencontré beaucoup de personnes venant des quatre coins du monde. Et sans surprise, j'ai constaté qu'il y a un niveau sur lequel on se retrouve tous : on se met tous une pression monumentale pour réussir notre vie. Pourtant, très peu d'entre nous ne prennent une minute pour nous arrêter et réfléchir à ce que cela signifie pour nous d'être accompli. Je veux dire par là que beaucoup de gens croient qu'une vie réussie c'est de l'argent illimité, la jeunesse éternelle, du sexe en continu, quoique ce soit sans limite. Mais regardons un peu les gens qui semblent tout avoir. Si on gratte la surface, on voit rapidement que la plupart d'entre eux continuent de se battre avec leur estime d'eux-mêmes tous les jours et parfois ont de graves problèmes de santé mentale. En effet, combien de célébrités et influenceurs – la majorité d'entre eux millionnaires parfois milliardaires suivis par des millions sur les réseaux sociaux – continuent d'avoir des syndromes post traumatiques, de l'anxiété, de la dysmorphophobie, se sentent extrêmement seuls et déconnectés ?

Je me suis débattue longtemps avec ma propre définition du

succès. Est-ce que c'était de me marier ? D'avoir des enfants ? Un travail qui me rapporte ? Beaucoup, beaucoup, beaucoup d'amis ? 100 à 1 000 likes sur les réseaux sociaux ? La reconnaissance publique ?

Jusqu'au jour, où j'ai réalisé qu'il n'y avait que deux choses que je ne vivrai qu'une seule fois : ma naissance et ma mort. Ces dernières décennies, les jeunes se sont tous concentrés sur une philosophie de vie YOLO (on ne vit qu'une fois). Je me concentre sur une autre : YODO, You Only Die Once (on ne meurt qu'une fois). Par chance, nous vivons beaucoup, beaucoup de jours, d'heures et de minutes. Nous aurons beaucoup d'opportunités, de perspectives, d'options et de directions différentes à partir du moment où nous quittons l'utérus de nos mères jusqu'à notre mise en terre. Il n'y a aucune surprise sur le fait que nous allons tous mourir, pourtant nous sommes beaucoup trop enclins à gâcher notre temps si précieux. Nous pouvons nous convaincre que nous avons le temps. Nous avons du temps, mais il n'est pas illimité et certainement pas récupérable. Nous ne pouvons pas appuyer sur un bouton de réinitialisation pour recommencer au début, mais chaque jour, nous pouvons recommencer et rediriger nos vies si nous ne sommes pas heureux là où nous sommes aujourd'hui. Nous pouvons le faire et le faire encore, essayer, continuer d'essayer. Beaucoup de gens passent leurs vies à craindre de manquer d'argent, d'amour, d'entourage, d'éducation, de nourriture, etc. Alors qu'ils ne s'inquiètent pas du tout de gâcher la seule chose qu'ils ne pourront jamais récupérer : le temps. C'est une leçon d'humilité de penser que peu importe qui nous sommes et ce que nous faisons, nous allons tous mourir. Alors comment pouvons-nous faire la différence et nous assurer que notre mort sera à la hauteur de la vie que nous avons vécue ? Comment nous assurer que nous vivons pleinement notre vie, quoi que cela signifie pour nous ? Parce que la vie passera quoi qu'il en soit – il n'y a pas de bouton stop. Aucun moyen d'appuyer sur pause. Pour cette raison, quand nous faisons un mauvais usage de notre temps, on donne notre pouvoir à quelqu'un ou quelque chose hors de notre contrôle. Je suis hantée depuis l'enfance par cette pensée que je vais manquer de temps. Cette pensée est quotidiennement avec moi. Je vais probablement mourir en pensant que j'aurais aimé en avoir plus. La réalité est que si nous consacrons notre temps aux choses qui comptent vraiment pour nous, entourés des bonnes personnes, nous avons déjà suffisamment de temps pour vivre une vie épanouissante. Le temps perdu est et sera toujours notre plus grande erreur.

Il y a 4 ans, je travaillais sur un projet vidéo et j'ai commencé à réfléchir à qu'est-ce que je voudrais que mon éloge funèbre dise de moi le jour où l'on m'enterrera. J'ai réalisé que beaucoup de choses que j'écrivais et discutais avec mes amis toutes ces années tournaient autour du défi de vivre une vie qui mérite d'être commémorée. C'est ce que vous trouverez ici : un anti-guide de développement personnel rempli de mécanismes d'adaptation utilisés à outrance par une inconnue obsédée par le contrôle et effrayée à l'idée de passer à côté de sa vie.

1

NE CHERCHEZ PAS LA PERFECTION ; C'EST BARBANT !

« Aujourd'hui nous disons adieu à Bérengère, une fille parfaite, une épouse parfaite, une sœur parfaite, une amie, collègue, employée parfaite.

Bérengère était l'essence même de la perfection, et il n'y a pas grand-chose que nous pouvons dire pour décrire son excellence. Un bébé parfait, elle ne pleurait que rarement et ne réveillait jamais ses parents la nuit. Elle a grandi en étant respectueuse des autres et de tout. Calmement, elle a suivi le chemin de l'apprentissage, de l'accomplissement, et du devenir. Première de la classe, elle s'est frayé un chemin à l'école et l'université avec facilité et n'a jamais rien fait de controversé. Elle n'a jamais questionné son parcours et s'assurait toujours que les autres se sentaient à l'aise avec elle et les choix qu'elle faisait.

Elle a eu une carrière parfaite, était une employée respectée et respectueuse de la vie du bureau. Elle a toujours évité de commettre des erreurs et préférait se concentrer sur ce qu'elle connaissait le mieux. Elle a accumulé plusieurs récompenses : meilleure amie, meilleure fille, meilleure épouse, meilleure maman et la liste continue. C'est ainsi que Bérengère a vécu. C'est son héritage.

Tandis que nous nous réunissons aujourd'hui pour célébrer sa vie, faisons-lui nos adieux et pleurons la perte d'une âme vivante, digne et parfaite. Une âme qui a apporté de la joie à de nombreuses personnes et dont l'héritage parfait restera à jamais gravé dans nos mémoires ».

Ennuyeux et impensable, n'est-ce pas ? Je mourrais une deuxième fois si c'était mon vrai éloge funèbre.

Pourquoi, en tant qu'êtres humains, sommes-nous tellement esclaves de l'idée de perfection ? Nous partageons cette fausse croyance que la perfection est sécurisante. La perfection semble rassurante, et nous croyons à tort que si et quand nous l'atteindrons, nous ne serons plus sujets à la critique. La perfection semble être le remède qui apportera la paix à notre égo car, avec elle, personne ne peut nous faire de reproches ou nous tenir responsables de quoique ce soit. Cette idée est aussi séduisante car être parfait voudrait dire être mieux et supérieur aux autres. En fin de compte, la perfection serait synonyme de succès incontestable. Pourtant, nous oublions tous de commencer par une chose : nous demander ce que la perfection est. Avons-nous – chaque être humain vivant sur cette planète — convenu d'une définition universelle et définitive de la perfection et d'un système permettant de déterminer si quelqu'un l'a atteinte ? Non, pas du tout ! Alors comment pourrions-nous atteindre quelque chose qui n'a pas encore été défini et qui, par conséquent, n'existe pas en réalité ?

Nous sommes nombreux à essayer de créer quelque chose, de changer de vie, de prendre des décisions ou simplement d'évoluer. Cependant, bien souvent, nous n'avons même pas commencé que nous sommes déjà sur le point d'abandonner parce que la perfection ne semble pas pouvoir être atteinte. Si nous ne parvenons pas à la perfection du premier coup, nous en concluons que cela n'en vaut pas la peine ou est irréalisable. Et la plupart du temps, nous avons honte et avons l'impression d'avoir échoué. L'idée de ne pas atteindre la perfection nous pétrifie. Lorsque j'étais plus jeune, j'adorais acheter des nouveaux carnets et j'étais toujours excitée à l'idée de commencer à y écrire. La page blanche était pleine de promesses. Le début d'une grande aventure. Mais chaque fois que je commençais à écrire quelque chose, je finissais par être frustrée par le fait que mon écriture n'était pas assez esthétique ou que je devais rayer quelque chose. Je pensais que pour avoir de la valeur, il fallait que ce soit parfait. Je croyais que les carnets des écrivains célèbres étaient impeccables et immaculés. Un million de lignes sans aucune rature. J'ai fini par avoir de nombreux carnets dans lesquels je n'avais écrit qu'une ou deux phrases. Ils étaient la preuve de mes tentatives de perfection et, par conséquent, de mon incapacité à produire quoi que ce soit. D'une manière ou d'une autre, j'ai même cessé d'écrire pendant des décennies.

Lorsque j'ai finalement décidé de recommencer à écrire, la perfection m'observait toujours tapie dans l'ombre : rien de ce que j'écrivais n'était assez satisfaisant pour mériter d'être partagé avec le monde. La simple idée de publier et de partager mon travail me mettait mal à l'aise. Je pensais que seuls les articles parfaits et les auteurs parfaits méritaient d'être publiés et lus. Que seules ces créations méritaient l'attention, l'amour et le soutien des lecteurs. Mais, au fil des années, j'ai réalisé que je pouvais mourir en attendant d'atteindre la perfection sans faire quelque chose que j'aime et sans — au moins — essayer. C'est ce que j'ai fait avec l'écriture et de nombreuses autres activités qui m'apportaient tant de satisfaction. Je l'ai fait jusqu'à ce que je décide qu'il n'y a rien d'épanouissant à vivre ma vie dans le «potentiel». Enfin, j'ai reconnu que ce qui compterait vraiment à la veille de ma mort serait ce que j'avais fait, et non ce que j'avais rêvé de faire, et qu'il ne serait certainement pas important que je l'ai fait parfaitement. J'en ai conclu que la perfection est toujours pire que l'échec. C'est la salle d'attente où nous attendons quelque chose qui n'arrivera généralement jamais — la perfection — tout en ayant peur de quelque chose — le jugement, l'échec — qui le plus souvent n'arrive pas ou qui, s'il arrive, peut parfois nous aider à nous améliorer et ne nous tuera certainement pas.

La perfection nous empêche d'agir. C'est comme vivre dans un fantasme, en attendant quelque chose d'extraordinaire et d'immaculé. La vie est désordonnée. La perfection peut sembler réconfortante, mais la plupart du temps, elle est terne et sans vie. Par définition, la vie est imparfaite. La vie tire sa saveur de choses imparfaites et de personnes imparfaites. L'imperfection permet la sérendipité, et la sérendipité permet l'innovation. Pour mettre les choses en perspective, n'oublions pas que les seules choses que nous ne pouvons faire qu'une fois sont naître et mourir, choses sur lesquelles nous n'avons que peu ou pas de contrôle. Pour le reste, nous pouvons toujours essayer à nouveau, nous améliorer ou changer d'avis. L'idée de perfection peut nous guider sur le chemin et nous inspirer, mais nous ne devons jamais la considérer comme notre destination finale.

Le concept de progression est plus intéressant pour moi. Il est gratifiant et plus réaliste. Avec la perfection, il y a l'idée d'atteindre quelque chose de définitif, une fois pour toutes : un état final, ce qui me ramène toujours au concept de la mort. En effet, quelle est la finalité de la vie si ce n'est la mort elle-même ? Quelle est notre destination ultime ? Croire que nous serons accomplis lorsque nous aurons atteint la perfection, c'est en fait penser à notre propre mort, même si nous n'en sommes pas conscients. Avec le progrès, nous pouvons, tout au long de notre vie, viser plus. Avec le progrès, il y a de la vie, du mouvement, de l'évolution.

Presque personne ne réussit quelque chose de parfait du premier coup. Tous les champions, athlètes, artistes, et entrepreneurs prospères ont osé essayer et échouer (souvent en public) avant de pouvoir s'approcher de la perfection. La plupart d'entre eux nous diraient qu'ils ne l'ont pas encore atteinte et qu'ils sont en permanence en train d'y travailler. Ils cherchent toujours à s'améliorer et à se fixer de nouveaux défis. Ils sont prêts à ne pas abandonner. Ils ne perdent pas de temps à se sentir en situation d'échec et sont prêts — voire enthousiastes — à redoubler d'efforts et à s'engager plus longtemps.

Permettre le progrès, c'est accepter de passer par le stade du débutant. Nous devons reconnaître que le succès est rarement au rendez-vous du jour au lendemain et que nous rencontrerons de nombreux échecs. Toute acte créatif a besoin d'un premier jet, d'un pilote et d'un prototype avant de trouver son rythme et d'exprimer tout son potentiel. Le stand-up et le jeu d'acteur en sont de bons exemples. Chaque humoriste et chaque acteur connaîtra des soirées creuses et des critiques défavorables à leur jeu ou spectacle. Nombre d'entre eux ont essuyé des échecs avant de connaître le succès. Leurs blagues et leurs spectacles doivent être retravaillés et améliorés constamment. Le 6 avril 2023, lors de son interview dans l'émission *Late Night with Seth Meyers*, Ali Wong a rappelé qu'au début de sa carrière, elle était venue à New York et qu'elle faisait 13 spectacles de stand-up par soir, gratuitement et parfois face à un public qui ne riait pas. Mais elle a continué de le faire parce que cela l'a aidée à sentir l'énergie et à affiner son matériel comique, ce qui l'a finalement conduite à plus de rires et à un public plus engagé. Elle a travaillé dur pour arriver à la place qu'elle occupe aujourd'hui : jouer dans des films et des séries et avoir ses propres émissions spéciales de stand-up.

C'est la même chose avec la vie : c'est une œuvre inachevée. Nous pouvons décider de rester dans notre zone de confort, en attendant la preuve quotidienne qui certifie que nous sommes suffisamment talentueux pour aller de l'avant et passer notre vie à essayer d'atteindre quelque chose qui n'a jamais été universellement défini et qui, fondamentalement, n'existe pas. Ou bien nous pouvons reconnaître les revers pour ce qu'ils sont : des étapes dans le processus, et aller de l'avant.

Notre société est tellement évoluée que nous sommes assistés dans tout ce que nous faisons. Nous pouvons tout obtenir presque immédiatement et nous sommes de moins en moins confrontés à des défis. Par conséquent, chaque fois que quelque chose devient difficile, nous faisons ce qui nous semble logique : nous abandonnons. C'est plus facile pour nous d'affirmer que ce n'était pas censé se produire dès le départ ! Lorsque nous sommes enfants, tout notre processus d'apprentissage nous met au défi. Heureusement, que lorsque nous apprenons à marcher, nous n'abandonnons pas à la première chute. Il en va de même lorsque nous apprenons à parler, à faire du vélo, à nager, à écrire, à lire, etc. La différence réside dans le fait qu'en tant qu'enfants, nous n'avons pas honte d'avoir à apprendre quelque chose. Mais en tant qu'adultes si. Nous refusons d'être des débutants ; nous sommes gênés. Nous avons l'impression d'être constamment sous les feux de la rampe. Nous considérons qu'il est honteux de ne pas être bon tout de suite dans quelque chose de nouveau. Mais nous ne pouvons rien apprendre de nouveau si nous refusons de passer par cette étape. Ce n'est pas que nous soyons moins capables d'apprendre que les enfants ; c'est simplement que nous abandonnons plus rapidement, plus souvent, et que nous nous trouvons plus d'excuses.

Le progrès est source de joie et de satisfaction. La perfection engendre frustration et ressentiment. De plus, soyons réalistes, personne n'attend de nous que nous soyons parfaits. Aucune personne raisonnable ne l'exigerait de nous ou d'elle-même. C'est un mensonge que nous nous racontons à nous-mêmes. Nous sommes nos propres persécuteurs lorsque nous parlons de notre devoir d'être parfaits. En fait, qui peut légitimement déclarer que quelque chose ou quelqu'un est parfait ? Qui a cette autorité ? Avez-vous déjà entendu parler d'une assemblée mondiale de la perfection investie d'un pouvoir mystique pour décider qui et quoi peut être qualifié de parfait ? BIEN SÛR QUE NON. La notion ultime que nous devons abandonner pour nous débarrasser de ce besoin de perfection est l'idée que nous ne sommes pas aimables tant que nous ne sommes pas parfaits. La perfection n'est pas une condition préalable à l'amour. De même qu'elle n'est pas une condition préalable à la réussite. La personne qui nous fait croire que nous ne sommes pas dignes et aimables parce que nous ne sommes pas parfaits est une personne qui ne peut pas aimer un être humain. La perfection n'est pas une condition de l'amour ; l'imperfection est la condition humaine.

Personne n'a jamais assisté à un enterrement où l'éloge funèbre était entièrement consacré à rappeler la perfection d'une personne et la vie parfaite qu'elle a vécue. Les gens s'en moquent. Nous devons nous détendre, car nous passons à côté de l'essentiel en étant obsédés par la perfection. Je me suis rendu compte que je ne faisais que construire ma propre cage et que je passais à côté de tout ce qui est digne d'intérêt dans la vie. J'étais bloquée dans cette bataille perdue d'avance.

Les gens se souviendront de la joie, du soutien, de la gentillesse et de l'humour que vous leur avez apporté ; personne ne se souviendra de vous pour votre perfection ou votre lutte sans fin pour l'atteindre.

Nous pouvons être fascinés par la perfection, mais ce qui touche vraiment les gens et a un impact sur eux, c'est le désordre de la vie. Nos souvenirs les plus chers proviennent de moments imprévus, de rencontres accidentelles, d'expériences, de liens et d'émotions partagées. Sans toutes nos erreurs, notre vie serait insipide et notre caractère terne. La perfection est ennuyeuse. Nos vies humaines méritent d'être commémorées parce que nous avons osé explorer notre humanité et que nous sommes allés au-delà du mirage qu'offre la perfection.

2

QU'EST-CE QUE L'ÉCHEC DE TOUTE FAÇON ?

Quand j'avais 18 ans, j'ai dû passer, comme tous les lycéens, mon baccalauréat. Tous mes professeurs m'ont dit pendant des mois que j'échouerais très probablement. Pendant toute l'année mes notes étaient inconstantes et plutôt mauvaises, et ils étaient persuadés qu'il me faudrait un miracle pour obtenir mon diplôme. Je n'ai jamais débattu avec eux. Cette année-là a été difficile. Je me sentais vaincue, mais j'étais sûre d'une chose : je ne voulais pas rester coincée avec eux une année de plus. Redoubler n'était pas une option. L'examen a duré une semaine, avec des matières différentes chaque jour. Dix-huit ans plus tard, je me souviens encore de l'épreuve de mathématiques. C'était l'un de mes plus gros coefficients. J'avais commencé l'année avec l'une des moyennes les plus basses. J'avais progressé, mais j'étais encore loin des meilleurs élèves de ma classe lorsque nous avons terminé le dernier trimestre. Lors de la session d'examen, j'étais assise juste derrière notre champion de maths car nous avions le même nom de famille. On nous a distribué l'énoncé. Je l'ai entendu soupirer de panique. Il était perdu et confus. Il ne comprenait pas l'épreuve. Nous avons appris après l'examen que celui-ci était particulièrement difficile cette année-là. Mais pour moi, aucune surprise ; j'avais l'habitude de paniquer à cause d'énoncés que je ne comprenais pas. Je connaissais la situation. J'ai regardé : trois exercices. Je pouvais obtenir la moitié des points pour le premier ; je sauterais le deuxième — qui ne faisait aucun sens pour moi — et je ferais 75 % du dernier. Je n'obtiendrais pas la moyenne, mais je m'en sortirais juste assez bien pour que le reste de mes épreuves compense. J'ai obtenu une note plus élevée que pendant l'année. Notre champion de mathématiques a obtenu la même note que moi, soit la moitié de ce qu'il obtenait habituellement. En résumé, si vous adoptez un bon état d'esprit et que vous respirez profondément, vous pouvez tout réussir. Lorsque vous craignez l'échec, vous finissez par le provoquer.

L'échec est quelque chose de subjectif. C'est surtout quelque chose que nous construisons socialement. Nous échouons par rapport à quelqu'un, à certaines règles ou à certaines conventions. Nous échouons dans le cadre d'un système d'évaluation, d'une compétition ou de toute structure humainement définie pour classer les individus et déclarer des gagnants et des perdants. L'échec est une question de perspective et a une temporalité. Personne n'échoue jamais une fois pour toutes, sauf s'il n'essaie plus jamais. Vous ne pouvez pas vous sentir en situation d'échec si vous considérez votre environnement comme un terrain de jeu, propice à l'expérimentation, à la découverte et à l'apprentissage. Lorsque nous perdons de vue cette perspective sur la défaite, nous nous privons d'une occasion pour évoluer. C'est nous qui faisons de l'échec une condamnation à perpétuité. Au lieu de le percevoir comme un simple événement sur notre route, un revers inattendu, nous le considérons comme définitif. Être battu n'est pas synonyme d'échec, de même que faire quelque chose de mal une fois ne fait pas de nous une personne fondamentalement mauvaise. Il y a une différence entre ce que nous sommes et ce que nous faisons. Oui, nous sommes ce que nous faisons de manière répétée, mais commettre une erreur ne fait pas de nous une personne mauvaise ou ratée. Nous pouvons nous tromper, parfois gravement, mais cela ne signifie pas que nous soyons irrécupérables.

Nous avons donné tellement de pouvoir à l'échec que nous ne prenons plus aucun risque. Nous restons dans notre zone de confort. Nous essayons rarement quelque chose de nouveau parce que nous craignons trop l'image que cela donnerait de nous et ce que les autres pourraient en dire. Pourtant, les seules personnes qui pourraient se moquer de nous parce que nous essayons sont précisément celles qui ne tentent jamais rien. Ces personnes passeront toute leur vie à faire exactement les mêmes choses parce qu'elles veulent être sûres de ne pas échouer et de ne jamais être perçues comme ce qu'elles considèrent comme un échec. Elles estiment que prendre un risque est uniquement une occasion d'être tourné en ridicule. Quelle façon de penser très limitée et limitante ! C'est tourner le dos à tant de choses. L'échec est profondément lié au concept de honte. La possibilité d'en faire l'expérience bloque notre sens de l'aventure, de l'audace et de l'initiative. Nous préférons ne rien faire plutôt que de risquer les moqueries et les rires. Nous renforçons et alimentons la honte et l'échec constamment. Ces deux éléments sont hypothétiques et existent principalement de la manière dont nous les définissons, mais ils guident nos choix presque tout le temps. Et lorsque nous les laissons guider nos choix, nous passons presque toujours à côté d'opportunités.

Lorsque nous prenons des risques, nous pouvons en effet — et nous le ferons certainement — manquer parfois notre objectif. Mais il est certain que nous n'atteindrons ou ne réaliserons jamais rien si nous n'essayons pas ou ne prenons jamais de risques. Plus je vis, plus je réalise l'importance de la perspective. Beaucoup de gens considèrent que tout est un risque ou un problème. Seules quelques personnes remettent en question ces croyances et considèrent les risques comme des chances et des opportunités. Nous restons bloqués en acceptant des définitions limitatives de ces concepts. Nous laissons les autres définir ce qu'ils devraient signifier pour nous. Mais si nous voulons définir l'échec, nous devons aussi définir le succès. Il n'est pas surprenant que, dans les deux cas, nous ne puissions pas trouver de définition universelle. Ce que je considère comme une réussite peut être un échec retentissant pour d'autres. Il y a autant de définitions du succès que d'êtres humains sur cette terre, ce qui est une excellente chose car la diversité enrichit constamment l'humanité. En gardant cela à l'esprit, nous pouvons nous détendre un peu et accepter que personne ne puisse nous imposer d'échec.

Tout ce que nous désirons accomplir et réaliser est légitime. Tout ne peut pas être encensé et accepté par tout le monde. Mais cela ne signifie pas que personne ne l'aimera jamais et que ce que nous faisons est horrible, et que nous ne devrions même pas essayer. Si ce que nous faisons n'est pas aimé par tous les habitants de la planète, cela ne signifie pas que nous avons échoué. Avoir si peur de l'échec n'engendrera qu'une chose : nous faire vivre une vie de potentiel. Nous rêvons du jour où tout se mettra en place et nous garantira un succès incontestable. Nous promettons à tout le monde que nous ferons le prochain pas pour atteindre un objectif lorsque le moment sera venu. Malheureusement, nous pouvons passer toute notre vie à attendre le bon moment. Nous préférons fantasmer plutôt que de risquer l'échec, ce qui est triste car nous n'avons qu'une vie, tout du moins de ce type, incarné en tant que nous-mêmes sur la planète Terre.

L'échec est un sentiment, une sensation ; en tant que tel, nous ne l'emporterons pas avec nous lorsque nous mourrons. Je n'ai jamais entendu quelqu'un évoquer « l'échec » ou « la honte » lors d'une commémoration. Nous nous souvenons des périodes d'épreuves, de la manière dont nous les avons surmontées et de la manière dont elles nous ont changés et façonnés. J'ai entendu de nombreuses personnes être félicitées pour leur état d'esprit et parce qu'elles ont été capables de prendre des risques, d'oser et de sortir de leur zone de confort. C'est ce qui reste une source d'inspiration à travers l'Histoire. Même si nous échouons et échouons beaucoup, l'échec n'a jamais tué personne. Nous devons populariser l'idée que les échecs sont des opportunités d'apprentissage. Il n'y a pas de mal à commettre des erreurs ; c'est le seul moyen d'aller plus loin.

C'est une habitude vouée à l'échec – justement — que de sacrifier nos rêves et nos objectifs sous prétexte qu'ils ne fonctionnent pas ou qu'ils ne sont pas en résonance avec l'ensemble de l'humanité. Plus souvent qu'on ne le croit, les choses s'améliorent ! Et la plupart du temps, nous ne sommes pas jugés, nous sommes juste complètement ignorés. Si nous échouons par rapport à quelqu'un ou à quelque chose, nous n'échouons pas universellement pour de bon parce qu'une personne n'est pas d'accord avec nous ou avec ce que nous faisons.

Nous ne devrions jamais sacrifier ce que nous voulons vraiment être, ce que nous désirons ardemment et ce qui nous fait nous sentir le plus vivant simplement par peur d'échouer. En fin de compte, qu'est-ce qui est indiscutablement regrettable : rester coincé dans les limites confortables de notre esprit et passer à côté de notre vie ? Ou prendre quelques risques et essuyer des échecs sur notre chemin en essayant de devenir les versions les plus authentiques de nous-mêmes ?

3

SE FAIRE DU SOUCI N'A JAMAIS AIDÉ PERSONNE À ACCOMPLIR QUOI QUE CE SOIT.

Vous est-il déjà arrivé d'être tellement submergé par l'inquiétude que votre cerveau se fige et que vous vous sentez bloqué et paralysé ? Dans ce genre de situation, nous nous sentons étouffer de l'intérieur. Nous avons l'impression d'être sans espoir. Nous recevons trop d'informations et le chaos de nos pensées nous semble impossible à gérer. Nous sommes incapables d'agir ou de bouger. Lorsque cela se produit, avez-vous déjà pris un peu de recul et réfléchi à la bizarrerie qu'est l'inquiétude ? Se faire du souci est étrange quand on y pense. Une impression impalpable et pourtant aliénante. Tout au long de notre vie, nous passons BEAUCOUP de temps à nous inquiéter. Mais à quoi cela sert-il ? Qu'espérons-nous qu'il se produise ou que nous obtenions grâce à l'inquiétude ? Cela ne nous sert-il jamais ou nous aide-t-il d'une manière ou d'une autre ? Sommes-nous condamnés à nous noyer dans l'inquiétude ?

Dans l'histoire de l'humanité, l'inquiétude n'a jamais abouti à autre chose qu'à plus d'inquiétude, à un état de stress, de détresse, de peur, d'incapacité à agir ou, dans certains cas extrêmes, à la prise de très mauvaises décisions. Avez-vous déjà entendu quelqu'un dire : « Eh bien, ils ont finalement trouvé un emploi grâce à tous les soucis qu'ils ont mis dans leurs recherches ». Ou encore : « La solution était devant eux, mais ils ne la voyaient pas parce qu'ils ne s'inquiétaient pas assez ». Ou encore : « Après s'être fait du souci pendant des années, ils ont enfin rencontré l'âme sœur, ce qui ne serait jamais arrivé sans tous ces soucis » ? JAMAIS !

L'inquiétude est un état de trouble et d'appréhension dans

lequel nous tombons plutôt que de faire face à des problèmes réels ou potentiels. S'ils ne risquent pas de se produire, s'inquiéter ne les résoudra certainement pas, puisqu'ils ne sont pas concrets. S'il s'agit de problèmes réels, l'inquiétude ne les résoudra pas non plus.

En effet, lorsque nous nous inquiétons, deux choses peuvent se produire :
– Nous nous sommes inquiétés de quelque chose qui ne s'est pas produit, et nous avons donc perdu un temps précieux pour rien.
– Nous nous sommes inquiétés pour une bonne raison : nous étions confrontés à un problème. Dans ce cas, nous nous sommes simplement donnés du stress et de l'inconfort supplémentaires sans vraiment résoudre le problème en question.

S'inquiéter n'a jamais aidé et n'aidera jamais à accomplir quoi que ce soit. En aucun cas l'inquiétude n'a contribué à résoudre un problème ou à fournir l'énergie nécessaire pour y faire face. L'inquiétude nous immobilise. C'est une excuse impeccable pour ne pas faire quelque chose. Le meilleur ami de l'échec. Le souci nous empêche de tenter quoi que ce soit, car nous pensons qu'une personne responsable est prudente et réfléchie. L'inquiétude est interprétée à tort comme le signe que l'on fait fausse route ou que l'on a une mauvaise idée. Or, en dehors du mode de survie, l'inquiétude ne nous dit rien. En nous inquiétant, nous ne montrons à personne que nous sommes responsables. Par conséquent, si nous avons la chance de ne plus lutter pour notre survie, nous devrions nous efforcer de ne pas abuser de notre cerveau et de notre temps en nous inquiétant autant. En prenant du recul et en changeant de perspective, nous pouvons enfin constater que l'inquiétude est une extravagance que seules les personnes chanceuses et en bonne santé peuvent se permettre. Lorsqu'une personne est occupée à lutter pour sa santé, sa nourriture et son logement, elle n'a ni le temps ni le luxe de s'inquiéter ; toute son énergie est consacrée à sa survie.

D'une manière ou d'une autre, nous restons coincés dans notre tête, nous réfléchissons trop et nous oublions qu'il existe tout un monde extérieur dans lequel il est possible d'expérimenter et de vivre. Nos pensées ne sont pas une réalité, mais nous leur donnons tout notre pouvoir. Nous passons le plus clair de notre temps avec elles, à nous y empêtrer. Nous croyons qu'elles sont en quelque sorte des vérités absolues et indiscutables. Notre besoin de tout contrôler engendre également notre inquiétude. Nous sommes toujours si prompts à choisir le pire scénario au lieu de nous réjouir des nombreuses options qui s'offrent à nous. Hors du mode de survie, nous devrions nous sentir suffisamment en sécurité pour être enthousiasmés par les possibilités qui s'offrent à nous.

Pendant très longtemps, j'ai été coupable de me faire régulièrement du souci. Cela m'empêchait de vivre. J'étais coincée dans une boucle où les pensées obsédantes alternaient avec les inquiétudes, sans jamais que je n'agisse. L'inquiétude était mon persécuteur. En fait, je me persécutais moi-même à travers mon inquiétude. Pour la vaincre, je devais en comprendre le mécanisme : Pourquoi m'inquiétais-je autant ? Cela m'aidait-il d'une manière ou d'une autre ? J'ai fini par réaliser que mon inquiétude était le produit de mon éducation catholique. En effet, depuis l'enfance, j'avais développé cette croyance que lorsque je m'inquiétais, je faisais preuve d'humilité à l'égard de Dieu, de la vie et de l'univers. C'était ma façon de respecter le mystère de la vie. D'une certaine manière, ne pas s'inquiéter m'a toujours semblé arrogant, et j'ai donc cru que je méritais du malheur et des difficultés si j'osais ne pas m'inquiéter, être dans la légèreté et heureuse. Jusqu'à ce que je me rende compte que l'inquiétude était devenue pour moi un moyen de me faire du mal. C'était une véritable scarification mentale. Je m'en servais comme un mécanisme de défense, un moyen de me soulager. Surtout lorsque je me sentais angoissée par le fait que je ne pourrais jamais tout contrôler, et certainement pas mes pensées. L'inquiétude était, en effet, une incision mentale ; ma façon de faire face à ma souffrance psychologique. J'en avais besoin pour prouver que si je ne suis pas parfaite, au moins j'en suis consciente et j'essaie de me racheter. Cela a été une reprogrammation complète pour m'entraîner à court-circuiter l'inquiétude et à cesser de me sentir coupable de mon penchant naturel à avoir un état d'esprit positif. Je pouvais être tout à fait humble, reconnaissante, heureuse sans être inquiète.

Bien sûr, il est impossible de n'avoir que des pensées positives. Par conséquent, nous ne devrions pas nous imposer cette pression en permanence. Mais nous pouvons nous entraîner à identifier les moments où notre esprit s'égare dans des pensées négatives et nous sape le moral. Il s'agit de savoir quand prendre une profonde respiration, observer, écouter notre bavardage intérieur et décider consciemment de laisser notre esprit dériver vers quelque chose de plus positif. Et de recommencer. Il faut du temps pour créer une nouvelle habitude ou un nouveau réflexe, mais cela en vaut la peine. Cela nous permet de prendre du recul et de contempler le marécage créé par nos pensées incontrôlées. Le cerveau humain fonctionne de telle manière que si nous ne voulons pas penser à quelque chose, nous allons y penser plus intensément à moins de nous concentrer sur autre chose.

Personne n'a jamais été célébré comme le champion de l'inquiétude lors de ses funérailles. Personne n'a jamais fait de nécrologie pour célébrer l'engagement de quelqu'un à se faire du souci. Le temps est notre ressource la plus précieuse et n'est pas renouvelable. Personne ne le soulignera jamais assez. La vie peut être stressante. Parfois, notre environnement peut créer du souci. Je suis encore loin d'être à l'abri des soucis, et je ne suis certainement pas immunisée contre eux. Nous sommes humains, après tout. Nous avons des émotions et des sentiments. Cependant, depuis ma naissance, je n'ai jamais vécu une situation où me faire du souci m'a apporté quelque chose de nécessaire ou de précieux, ou même a résolu l'un de mes problèmes. Je suis convaincue qu'en prenant du recul et en adoptant une perspective plus large, nous pouvons nous empêcher de sombrer dans la panique et le défaitisme. Ce n'est pas facile, mais c'est possible. Si nous mettions autant d'énergie à prendre soin de nous-mêmes et des autres que nous en mettons à nous inquiéter, nous pourrions accomplir tant de choses ! D'une certaine manière, consacrer autant de temps et d'énergie à se faire du souci, c'est se tourner entièrement vers l'intérieur et ne se concentrer que sur soi-même ; lorsque nous consacrons davantage de pensées et d'énergie aux autres, nous perdons presque toujours notre capacité à nous inquiéter. Se mettre en mouvement, passer à l'action, c'est vraiment puissant. L'inquiétude ne peut pas résister au mouvement. Lorsque nous nous approprions nos actions et nos pensées et que nous allons délibérément vivre notre vie la plus authentique en nous tenant pour responsables de tout cela, il n'y a plus de place pour l'inquiétude et le fait de se perdre dans le scénario du pire. Personne ne voudrait que l'on se souvienne de lui pour son talent à s'inquiéter. Chaque décision que nous prenons, chaque action que nous entreprenons, est une partie de notre héritage. Lorsque nous sommes présents et conscients et que nous évitons les habitudes abrutissantes, nous pouvons nous assurer que nous vivons notre vie avec intention et que nous ne mourrons pas pleins de regrets et de frustration. En fin de compte, nous voulons tous avoir un certain impact. Nous ne sommes pas immortels, mais en menant une vie digne d'être commémorée, nous nous rapprochons de l'éternité.

4

LES EXPÉRIENCES PLUTÔT QUE LES CHOSES.

Nous n'avons qu'une seule occasion d'être en vie. Une fois que cette vie est terminée, nous n'emporterons aucun de nos biens avec nous. Toutes nos possessions matérielles resteront sur terre. Alors, cela vaut-il la peine de dépenser autant pour ces biens, que ce soit de l'argent, du temps ou de la dévotion ?

Depuis mon enfance, je n'ai jamais été intéressée par le fait de posséder beaucoup de choses. J'ai toujours aimé nettoyer, me débarrasser de choses et en donner. Ma famille plaisantait toujours sur la propreté, presque aseptisée, de ma chambre. Hormis la collection de posters de mon boys band préféré qui a recouvert les murs de ma chambre de 1995 à 1998, je n'avais que peu ou pas d'intérêt à encombrer mon espace. J'étais plus heureuse de trier et vider ma chambre que de recevoir un cadeau. Je n'ai jamais eu de mal à me débarrasser de certaines choses ; en fait, cela a toujours été quelque chose de cathartique pour moi. J'ai passé ces dix dernières années à utiliser le mot « minimaliste » pour décrire mon mode de vie, tout en ayant l'impression d'être un imposteur parce que je possède plus qu'un sac à dos d'affaires. J'accorde plus d'importance aux expériences qu'aux choses ; c'est ainsi que je décrirais ma façon de penser et d'être. C'est l'idée fondatrice de mon mode de vie. Les objets ne me stimulent pas autant que les activités et les expériences. C'est pourquoi je me définis aujourd'hui comme une expériencialiste. Je possède moins d'objets que la moyenne des Occidentaux, mais j'apprécie toujours les choses que j'ai et j'en achète parfois de nouvelles. En tant que consommatrice, je n'achète pas souvent et je fais rarement des achats impulsifs. Je n'achète pas pour anesthésier des émotions que je cherche à éviter. Je préfère passer du temps avec les gens et investir dans des expériences plutôt que d'acheter beaucoup de biens matériels. J'ai remarqué très tôt qu'il y a une énorme différence entre ce que l'on ressent lorsqu'on obtient quelque chose et lorsqu'on crée des souvenirs : l'un ne dure jamais, l'autre est éternel.

Le minimalisme est à la mode depuis un certain temps déjà. Vous pouvez regarder de nombreux documentaires, écouter des podcasts ou lire des articles à ce sujet. Le désencombrement est l'apanage des plus fortunés : ceux qui ont suffisamment d'argent pour se livrer à une véritable crise existentielle sur ce qu'il faut garder et sur la manière de dire adieu aux biens qui ne servent plus leur bonheur. Dans notre société occidentale, nous accumulons les choses depuis des décennies. Tous nos besoins essentiels étant déjà satisfaits, nous pouvons faire des achats dans le seul but de nous distraire et de nous divertir. Nous n'en avons pas besoin pour vivre, mais les posséder nous procure une bouffée de plaisir, un statut social et un sentiment d'accomplissement.

Les publicités envoient quotidiennement des messages à notre cerveau. Le marketing est partout et crée toujours un sentiment d'urgence. Nous y sommes exposés en permanence. Il nous induit en erreur en nous faisant croire que nous avons besoin de toutes ces choses parce qu'elles rendront notre vie meilleure et plus facile. Si c'est effectivement le cas, comment se fait-il que tant de gens qui possèdent tant de choses ne semblent jamais satisfaits ou contents ? Je refuse de me laisser piéger par les spécialistes du marketing et de croire que le succès et le bonheur sont proportionnels aux collections de choses que je peux accumuler. Pour certains, le sentiment que « cela suffit » est inaccessible. Je crois sincèrement que les choses peuvent nous enterrer vivants. Les accumulateurs en sont un exemple parfait et extrême. Leur accumulation est profondément enracinée dans des problèmes de santé mentale. Aucun d'entre eux n'est épanoui et heureux à ce sujet. Ils sont isolés et cherchent désespérément de l'aide et du soutien. Le seul moment où nous devrions être enterrés sous quelque chose, c'est lors de nos funérailles.

Il n'est pas nécessaire d'aller dans l'extrême opposé : vivre sans rien. Je pense que le matérialisme commence à poser un problème lorsqu'il remplace notre sentiment d'identité et nous fait croire que nous ne sommes personne sans nos biens. Il nous porte préjudice lorsque nous pensons que nous avons moins de valeur et moins de caractère sans eux. Je n'achète pas pour me distraire. Je ne veux pas regarder autour de moi et être incapable de trouver la paix et le repos à cause de l'encombrement de ma maison. Lorsque nos espaces sont trop saturés, nos esprits sont également encombrés, ce qui ne fait que nous submerger. Il s'agit de trouver un équilibre entre un lieu fonctionnel et douillet dans lequel nous pouvons nous retirer et un lieu oppressant qui ne fait que nous stresser davantage. L'expériencialisme peut nous inciter à investir davantage dans les expériences que dans les biens, à choisir la qualité plutôt que la quantité, et nous montrer que ce que nous vivons a plus de valeur que ce que nous possédons.

J'avais une amie dont les parents sont extrêmement riches. Ils ont tellement d'argent qu'ils participent à des ventes aux enchères pour dépenser de l'argent en bijoux, en or et en œuvres d'art afin d'éviter de payer trop d'impôts. Ils ont commencé à posséder tellement d'œuvres d'art et d'autres trésors qu'ils ont pris peur et ont décidé de tout mettre dans un coffre-fort à l'intérieur de leur maison. Ils ne profitent même pas de leurs biens et ne les exposent pas pour les montrer à leurs visiteurs et à leurs amis. De peur d'être cambriolés, ils ont également cessé de voyager et de sortir trop souvent. À quoi cela sert-il d'avoir un chef-d'œuvre si on ne le regarde même pas ? N'est-il pas triste d'arrêter complètement de sortir et de voyager parce qu'on craint trop que quelqu'un s'introduise chez nous ? Bien qu'ils aient eu assez d'argent pour protéger leur logement, ils manquaient de perspicacité. Ils avaient déjà été aliénés par leurs possessions et le besoin de tout avoir et de tout garder.

Il y a une limite aux valeurs matérielles et sociales que nous pouvons tirer des choses. Plus nous possédons de biens matériels, plus nous passons de temps à les nettoyer, à en prendre soin et à les organiser. C'est du temps que l'on ne récupère pas. Lorsque nous n'obtenons pas le dernier article d'une collection particulière, nous ne devrions pas trop nous inquiéter ; il y aura une nouvelle version de cet article, ou une nouvelle collection sortira de toute façon. Nous ne sommes jamais remboursés pour le temps passé à acquérir ces articles ou pour le temps passé à stresser pour les obtenir ou à se sentir malheureux si nous ne les obtenons pas. Lorsque nous effectuons un achat, la gratification instantanée alimente notre mode de récompense. Cela nous galvanise provisoirement. Mais, comme presque toutes les satisfactions, elles ne durent jamais longtemps. Le modèle de la société occidentale fait l'éloge de la consommation. C'est notre façon de visualiser le succès. C'est la soi-disant voie du bonheur et de la satisfaction. C'est un processus sans fin, car cette satisfaction s'estompe un jour ou l'autre. Elle fonctionne comme une drogue : on la prend, on l'apprécie, mais on finit par en demander à nouveau, et plus souvent. Les choses prennent surtout de l'espace physique jusqu'à ce qu'il n'y ait plus d'espace, et elles nous envahissent. Lorsque nous ne dépensons pas tout notre argent pour acheter des choses, nous économisons davantage. Nous sommes ouverts à la découverte et pouvons essayer de nouvelles activités, aller à des événements, rencontrer de nouvelles personnes, voyager dans de nouveaux endroits, partager avec nos proches et donner en retour, ce qui est toujours gratifiant. Les sensations que nous procurent les expériences sont durables. Elles nous donnent un fort sentiment d'accomplissement. En effet, elles élargissent nos options et nos horizons. Ce que nous avons vécu ne peut jamais nous être enlevé. Elles font à jamais partie de notre histoire et forgent notre caractère. Nous devenons des êtres humains plus ouverts d'esprit. Investir dans des expériences n'est jamais à perte.

Lorsque nous obtenons toujours quelque chose, au bout

d'un certain temps, cette chose perd son caractère spécial. Lorsque nous devons attendre ou que nous ne l'obtenons pas tous les jours, cela reste une occasion spéciale lorsque nous l'obtenons. Nous pouvons tous retrouver un certain sens de l'émerveillement en consommant moins et avec intention. Il est plus facile de mesurer notre bonheur en comptant ce qui est comptable. C'est pourquoi tant de gens comptent sur leurs biens pour se sentir heureux et épanouis. Cela leur semble plus tangible. Mais tout ce qui peut être compté est également limité. Et ce qui est limité ne dure jamais.

Il est curieux de chercher un sentiment d'accomplissement dans des choses limitées, en espérant que nous oublierons ainsi que nous ne vivrons pas éternellement.

Je n'ai jamais ressenti le besoin de conserver de nombreux objets de mon passé. Je n'ai pas besoin de ces souvenirs pour raviver ma mémoire et me rappeler qui j'ai été. Si quelque chose me semble emblématique dans l'histoire de ma vie, profondément lié à mon identité et digne d'être hérité par mes proches, bien sûr, je le conserverai. Mais je suis persuadée que notre éternité ne réside pas dans nos possessions, même si c'est souvent la raison pour laquelle nous conservons nos objets en premier lieu.

Nous vivons dans une culture du cadeau. Nous n'achetons pas seulement pour nous-mêmes, mais aussi pour nos amis et notre famille. Je suis sûre que beaucoup de gens pensent que je suis radine, mais la vérité est que je préfère payer pour des cadeaux « expériences » ou inviter les gens à faire quelque chose ensemble plutôt que de leur offrir plus de choses. Je suis également convaincue que leur apporter un soutien non matériel est parfois la meilleure solution et ce dont ils ne savaient même pas qu'ils avaient besoin. Toujours acheter des choses pour nos proches, c'est comme leur donner une couverture réconfortante au lieu d'un câlin. Je continue à offrir des cadeaux ; j'aime toujours voir les gens heureux et excités lorsqu'ils en ouvrent un. Cependant, je ne me sens pas obligée de le faire et j'équilibre mes cadeaux entre le matériel, l'expérience/et le sentimental. Il est important de se rendre compte que nous offrons parfois un cadeau plus pour l'image qu'il donne de nous — généreux et doués pour choisir des cadeaux — que parce qu'il s'agit d'un cadeau de grande valeur.

Nous ne sommes pas des pharaons et nous ne serons pas enterrés avec toutes nos affaires pour les utiliser dans l'au-delà. Voulons-nous vraiment que notre héritage soit constitué des biens que nous laissons derrière nous ? Que ressentirions-nous si, lors de nos funérailles, nous voyions quelqu'un énumérer tous nos biens un par un ? C'est inintéressant et trompeur, vous ne trouvez pas ? Ne serait-il pas plus intéressant de laisser notre empreinte sur les gens, voire sur la société ? Quitter la terre en sachant que, par notre vie, nos actions, nos engagements et notre voix, nous avons aidé des gens, construit quelque chose, ému quelqu'un et eu un effet durable ?

Je n'ai jamais assisté à un enterrement ou lu une nécrologie où l'on évoquait tous les biens qu'une personne avait possédés au cours de sa vie. Je n'ai jamais non plus entendu quelqu'un être loué et explicitement honoré pour les choses qu'il possédait. Le seul endroit où l'on dresse la liste de tout ce que l'on a possédé est chez le notaire. C'est précisément son travail, et cela ne vise pas à célébrer la vie de quelqu'un. Il s'agit uniquement d'une question logistique et pratique.

Dans la tragédie de la perte d'un être cher, nous nous souvenons de ce qu'il nous a fait ressentir, de ce qu'il avait de si spécial et des moments précieux que nous avons passés ensemble. Un éloge funèbre ne devrait être qu'un recueil d'expériences et de souvenirs, et non une liste des possessions d'une vie. Cette perspective peut nous guider tout au long de la vie et nous aider à prendre des décisions sur nos habitudes d'achat et sur ce qui compte vraiment. Tout ce qui est matériel s'est avéré limité ; en fin de compte, notre éloge funèbre sera ce qui se rapproche le plus de l'éternité. Il est indéniable que nous ne vivons éternellement que par l'impact que nous avons sur les personnes qui nous survivront. Ils deviennent les porteurs de notre héritage. Si nous voulons qu'ils le portent à jamais, nous devons veiller à ce qu'il ne soit pas trop lourd. Nous ne devons pas vivre comme si nous allions avoir un musée posthume. Ce n'est jamais un cadeau pour notre famille et nos amis que de devoir s'occuper de toutes nos affaires. En effet, personne n'apprécie de devoir vider un lieu et trier les biens de toute une vie pendant un deuil. Si nous ne sommes pas tous obligés de vivre comme des minimalistes ou des adeptes de l'expériencialisme, nous pouvons décider consciemment de la manière dont nous consommons, de ce sur quoi nous nous concentrons et, en fin de compte, de la manière dont on se souviendra de nous.

5

L'ACCUMULATION ÉMOTIONNELLE EST ÉGALEMENT UNE MANIÈRE DE S'ANÉSTHÉSIER.

La pagaille n'est pas nécessairement matérielle. Les personnes peuvent aussi avoir une pagaille émotionnelle et s'accrocher à des activités ou des relations. De la même manière qu'il peut être néfaste d'accumuler des choses matérielles, avoir une pagaille émotionnelle insidieuse nous affecte tout autant. Une accumulation émotionnelle peut sembler être une occasion de tirer parti de tous les moments éveillés que nous avons, c'est l'envie irrépressible et incontrôlée d'accomplir, de faire quelque chose ou rencontrer quelqu'un à chaque instant. C'est investir dans les relations même si elles sont devenues nocives. C'est le besoin impérieux d'être tout le temps occupé et entouré. Avoir une pagaille émotionnelle, c'est chercher à se distraire.

À moins que vous ne soyez un extra extraverti, le besoin d'être toujours entouré d'une foule et impliqué dans d'innombrables activités peut être le signe que vous cherchez à vous anesthésier. De nombreuses personnes s'enorgueillissent d'être toujours occupées et capables d'accomplir tellement de choses chaque jour. Leur emploi du temps est toujours saturé et chaque heure de leur journée est consacrée à réaliser quelque chose. Elles disent toujours oui aux rencontres, font du bénévolat en plus de leur travail, ont de nombreuses activités et sortent tout le temps. Elles justifient ce mode de vie intensif par la volonté de vivre pleinement leur vie. Elles ne veulent pas louper quelque chose et avoir des regrets le jour de leur mort. Mais lorsque vous êtes épuisé, vous ne vivez pas pleinement votre vie. Vous êtes anesthésié et vous passez à côté de vos expériences. En étant toujours occupé, vous évitez le vide et le calme, parce que vous ne voulez pas faire face aux pensées qu'ils entraîneraient. Même si ces pensées devraient justement retenir toute votre attention. En effet, lorsque vous êtes immobile, ce qui compte le plus peut surgir. Mais ce qui compte le plus dans la vie est aussi un défi. S'il nous fait nous sentir vivants et conscients, il nous apporte aussi des émotions brutes, des sentiments et de l'inconfort. La plupart d'entre nous ont donc recours au désordre émotionnel pour trouver un certain soulagement. Par exemple, lorsque nous tenons vraiment à quelqu'un, nous savons que nous pouvons être blessés et, pire encore, que nous pourrions blesser cette personne, beaucoup d'entre nous préfèrent alors choisir de s'entourer de n'importe qui plutôt que de risquer un traumatisme en se concentrant sur ces proches auxquels nous tenons le plus. En vivant ainsi, nous risquons de tenir à distance tout ce qu'il y a de bon. Il serait préférable d'avoir des limites claires et de les respecter. Ainsi, nous pouvons trouver le temps de nous reposer et de faire une pause. Nous pourrons alors être pleinement présents lorsque nous passerons du temps avec nos proches et nous investir profondément dans les expériences qui comptent vraiment.

Vivre, c'est vieillir et changer. Le contraire serait inquiétant. Même les choses matérielles vieillissent et deviennent obsolètes. Parce que nous grandissons et évoluons, nos relations et leur dynamique changent également. Certaines d'entre elles cessent d'être bénéfiques et saines, même au sein de notre famille. Cela peut paraître dur, mais nous n'avons aucune obligation de maintenir ces relations si nous les trouvons néfastes à notre bien-être. Même si nous gardons de bons souvenirs, il peut être inévitable de dire au revoir à quelqu'un. Si la relation nous tire vers le bas, il est temps d'évaluer les raisons pour lesquelles nous la maintenons. C'est toujours difficile de se séparer, mais c'est parfois la meilleure et la seule option. Nous devons passer par l'inconfort de mettre fin à une relation pour pouvoir aller de l'avant et avancer dans notre vie. Nous ne le devons à personne d'autre qu'à nous-mêmes.

Personne ne conseillerait à un ami proche ou à un membre de sa famille de rester dans une relation amoureuse ou toute autre relation qui n'est pas satisfaisante et qui est devenue blessante. La chose raisonnable à suggérer est de dire au revoir et de rassurer la personne qui rompt en lui disant qu'elle trouvera quelqu'un qui lui conviendra mieux. Pourquoi en va-t-il différemment pour les amitiés et les relations avec notre famille ?

Une relation malsaine est une relation malsaine, quel que soit le type de relation. Les personnes qui nous tirent vers le bas — qu'il s'agisse de membres de la famille, d'amis ou d'amants — n'ont incontestablement pas leur place dans nos vies. Nous sommes tous uniques et nous méritons tous de vivre de la manière qui résonne le plus avec notre vérité. Nous pouvons pardonner aux gens, les accepter tels qu'ils sont et tolérer leurs choix, mais cela ne signifie pas que nous devons rester en contact avec eux ou autoriser des comportements blessants et préjudiciables. Nous ne devrions pas être loyaux envers les gens simplement parce que nous partageons des liens de sang, que nous les connaissons depuis toujours et que nous partageons de bons souvenirs.

Nous disposons tous d'un temps limité sur terre. En entretenant des relations malsaines et indésirables, nous perdons donc un temps précieux qui pourrait être consacré à des personnes qui nous correspondent mieux et avec lesquelles nous serions plus heureux. Ce n'est jamais facile de dire au revoir, surtout si l'autre personne n'est pas prête ou est aveugle face à la situation. La culpabilité nous donne toujours l'impression qu'il est cruel d'abandonner. Elle tente faussement de nous convaincre que nous manquons de loyauté et de compréhension. Elle nous fait croire que nous ne sommes pas de bonnes personnes. Mais la vérité est que nous ne rendons service à personne en maintenant une relation qui a fait son temps et qui est terminée. Si nous constatons que ce lien est faible pour nous, il est presque certainement nuisible pour l'autre personne également. Et même si nous étions les seuls à souffrir de la situation, notre prérogative est de décider comment et avec qui nous voulons passer notre temps.

Les liens humains sont précieux. C'est grâce à ces liens que nous pouvons créer, enrichir notre vie, changer de direction et partager. Mais il n'est pas nécessaire de faire l'assistante sociale et de consacrer sa vie à sauver chaque âme humaine. Lorsque l'on est coincé dans un désordre émotionnel, que l'on a besoin de s'entourer coûte que coûte, alors on choisit n'importe qui. Peu importe avec qui vous passez du temps, le seul impératif est de rencontrer quelqu'un et de ne pas rester seul. Malheureusement, à force de rencontrer de nouvelles personnes et de vous anesthésier, vous finissez par passer plus de temps avec des gens que vous connaissez à peine qu'avec ceux qui comptent le plus pour vous.

Nous ne disposons que de 24 heures par jour, c'est pourquoi les personnes qui comptent le plus pour nous devraient recevoir la plus grande partie de notre attention, de notre soutien et de notre engagement. C'est sur elles que nous devons nous concentrer et avec elles que nous devons approfondir nos liens afin d'être à la fois plus heureux et épanouis. C'est pourquoi il est essentiel de se débarrasser de tout ce qui nous encombre et de toutes les habitudes qui nous étourdissent, et de commencer à chérir la diversité et la force qu'apportent ces liens si particuliers. À l'ère numérique dans laquelle nous vivons, n'oublions pas que passer du temps en ligne avec quelqu'un n'est jamais du vrai temps passé ensemble. Cela peut être utile dans une relation à distance, mais cela ne peut pas constituer l'intégralité d'une relation.

La vie est mouvement, changement et évolution. Rien ne reste pareil pour toujours. Par conséquent, nous ne devrions pas craindre le changement et ne devrions pas nous sentir coupables lorsqu'il est temps pour nous d'aller de l'avant et de passer à autre chose. De la même manière que privilégier les expériences aux possessions matérielles ne signifie pas que nous devons nous débarrasser de tout, nous ne devons pas non plus dire au revoir à tout le monde et nous débarrasser de chaque rendez-vous dans notre planning. Mais il est essentiel de choisir consciemment où nous portons notre attention et notre intérêt.

Si nous apprenions que nous sommes sur le point de mourir, quelles seraient les personnes avec lesquelles nous voudrions passer le reste de notre temps ? Qui aurions-nous plaisir à voir à nos funérailles ? Qui compterait vraiment ? Il est facile et nécessaire de prendre une minute pour réfléchir à ces questions et définir la liste de ces personnes. Ce sont ces personnes dont nous devrions prendre soin, que nous devrions célébrer et adorer maintenant et autant que possible. Nous devrions les voir souvent et ne plus perdre de temps avec les autres ! Il n'y a aucune gloire à passer beaucoup de temps avec des gens qui n'ont pas d'importance. Il n'est pas impoli de décider que quelqu'un ou quelque chose n'a plus sa place dans notre vie et ne mérite pas notre temps et notre attention. Notre valeur dépendra toujours plus de la qualité que de la quantité. C'est aussi vrai pour les relations et les émotions que pour les biens matériels. Si de nombreuses études prouvent que nous sommes la combinaison des cinq personnes avec lesquelles nous passons le plus de temps et rappellent le nombre de Dunbar (une personne ne peut entretenir que 150 relations sociales stables), alors pourquoi continuons-nous à essayer d'ajouter d'autres personnes à notre vie ? Nous n'avons pas besoin que 7 milliards de personnes nous pleurent pour prouver que notre vie a été bonne et utile. En fin de compte, peu importe que nous ayons eu des millions de followers. Nous ne sommes pas des gourous. Il est plus intéressant d'être regretté par quelques personnes avec lesquelles nous avons créé tant de moments à célébrer et à commémorer.

6

LA TRAGÉDIE DE LA NORME. QUE PERDONS-NOUS EN TANT QU'HUMAINS EN ACCEPTANT LE DOGME DE LA « MOYENNE » ?

En grandissant, j'ai souvent entendu dire que je n'étais pas dans la moyenne. Cela pouvait être à la maison, à l'école, ou n'importe où et à chaque fois que j'interagissais avec une nouvelle personne. Ce n'était jamais malveillant, mais avec le temps, j'ai eu l'impression que ce n'était pas une bonne chose d'être différente, et je n'ai jamais eu le sentiment d'appartenir à la « norme ». D'ailleurs, les adultes qui m'entouraient semblaient agacés par cette singularité et me demandaient d'arrêter de faire l'idiote et de me comporter comme un enfant devrait se tenir. Bien sûr, j'avais l'impression que pour faire partie d'un groupe et être acceptée, je devais m'adapter et me conformer. J'ai commencé à m'imaginer que le fait d'être moi-même ne pouvait que me garantir la solitude et l'exclusion. Les gens semblaient croire qu'il existait un chemin unique et défini pour réussir sa vie et être un être humain bon et accompli. Je n'étais clairement nulle part sur ce chemin.

J'ai d'innombrables histoires où les gens m'ont dit : « Il n'y a qu'à toi que ça arrive », « C'est une drôle d'idée que tu as eue » et « C'est tellement typique de toi ». Grandir en entendant ces remarques a fait que j'ai toujours pensé que je n'étais pas une bonne personne et que j'agissais mal. Je n'ai jamais compris à l'époque ce que cela signifiait vraiment. Je n'ai pas vu à quel point il était important, en fait, d'être différent et surtout d'être soi-même. Même si nous ne le voulons pas, au bout d'un certain temps, il devient plus facile de se conformer. Je réalise maintenant combien d'années j'ai passé à essayer de mettre une cheville carrée dans un trou rond. J'étais la cheville carrée, et la communauté dans laquelle je grandissais était le trou rond. Qu'est-ce que j'ai essayé ! J'étais déterminée à réussir. Nous pouvons passer un nombre incalculable d'heures à essayer de nous intégrer là où nous n'avons pas notre place, nous rendant ainsi malheureux. Lorsque j'ai changé de perspective et que j'ai réalisé qu'il y avait des trous carrés tout autour de moi, j'ai pu me concentrer sur eux et cesser de prêter attention aux trous ronds. Et c'est comme ça que ma vie est devenue jubilatoire.

La norme est un concept qui nous suit depuis notre naissance. En grandissant, nous sommes confrontés à un conditionnement et à ce qui est considéré comme un développement normal et régulier. Nous sommes exposés à un ensemble d'étapes importantes auxquelles sont associés des âges. On nous donne un calendrier prévisionnel du moment où tout devrait nous arriver. Tout au long de la vie d'un jeune, de nombreuses personnes — médecins, experts, éducateurs, parents et pairs — lui rappellent qu'à l'âge de « x », il doit être d'une certaine façon et faire telle ou telle chose. Cela ne devrait jamais être plus qu'un cadre général ; des conseils, pas des instructions validant une seule façon de vivre. Ce cadre ne devrait pas détruire la confiance en soi des gens en leur donnant le sentiment d'être anormaux ou de ne pas appartenir à la communauté. Pourtant, nous tombons presque tous sous la dictature de la moyenne et cherchons à nous conformer. C'est tellement absurde ! Quoi qu'il arrive, il y aura toujours une personne pour nous juger et juger ce que nous faisons. Nous n'avons qu'une vie ; autant vivre la version la plus honnête et la plus authentique de nous-mêmes pendant que nous le pouvons.

Nous sommes un ensemble unique d'ADN et de chromosomes ; nous devons veiller à donner à l'humanité ce que nous pouvons lui donner, car personne d'autre ne sera plus jamais nous. Personne ne peut nous enlever cela. Alors que nous faisons tout ce qui est en notre pouvoir pour nous intégrer et appartenir à un groupe, nous perdons de vue le fait que nous ne pouvons jamais y appartenir lorsque nous ne sommes pas authentiquement nous-mêmes. Lorsque nous faisons semblant, nous atteignons toujours un point où nous nous sentons inapproprié et malheureux.

Les normes et les règles peuvent être remarquables lorsqu'elles garantissent la qualité d'un produit, ou lorsqu'une loi garantit un niveau de sécurité plus élevé. Par exemple, si vous achetez un produit dans votre pays ou dans un autre pays, il est rassurant de savoir que le produit peut être consommé en toute sécurité parce que ces deux pays suivent un ensemble de règles et de normes pour le produire et le livrer.

Mais lorsqu'il s'agit d'êtres humains et de définir ce qu'est la normalité, n'est-ce pas désastreux et dangereux ? Qu'il s'agisse de la suprématie blanche, du nazisme ou, plus récemment, de la standardisation de la beauté et des personnes par le biais des réseaux sociaux et de leurs filtres — pour n'en citer que quelques-uns : essayer de standardiser et de classer les êtres humains est honteux, horrible et fatal. Lorsque vous standardisez l'humanité, vous créez un cadre d'oppression. Ce qui est considéré comme un standard et une norme prévaut et est élevé au rang de supériorité et est rapidement utilisé pour légitimer l'oppression, l'esclavage, la domination et le meurtre de toute personne qui ne répond pas aux critères associés, dont les caractéristiques physiques et l'héritage culturel ont été déclarés divergents et anormaux. L'humanité ne doit pas être standardisée. Notre valeur et notre dignité sont un droit de naissance accordé à toute personne née sur cette planète de manière égale. En tant qu'êtres humains, nous devrions célébrer ce qui nous rend différents et en tirer profit. En effet, nos différences ne font que rendre les sociétés plus diversifiées et plus créatives. La moyenne est monotone et donc ennuyeuse. Il n'y a pas d'innovation sans sortir des sentiers battus. Il faut élever les enfants dans un cadre social, leur apprendre à se respecter et à respecter les autres, à vivre ensemble. Il faut éviter de leur dire qu'ils ne sont pas normaux et qu'ils ne sont pas suffisants si leur apparence n'est pas x ou z, ou s'ils ne font pas certaines choses à un certain âge. En rappelant constamment aux enfants la « moyenne » et les normes, nous leur donnons l'impression d'être incomplets, de ne pas être suffisants, de ne pas être à leur place et d'être en retard dans la vie. Cela les pousse également à craindre celles et ceux qui ne sont pas comme eux. Cela crée des sociétés de personnes peu sûres d'elles, qui portent des jugements, et où personne ne peut atteindre la paix et la satisfaction. La différence n'a jamais été une menace légitime ; elle est en fait très puissante. Ceux qui se sentent menacés par les différences ne sont en fait pas si sûrs de leur identité, de leurs choix et de leurs décisions de vie. Ils ne font que démontrer leur insécurité et le fait que leur sentiment d'identité peut être balayé par n'importe qui ou n'importe quoi en l'espace d'une minute.

La dictature de la moyenne a également un impact sur notre processus de prise de décision. Parce que nous redoutons le rejet, nous prenons des décisions basées non pas sur ce qui est le mieux pour nous et ce qui nous procure le plus d'excitation, mais sur ce qui serait le plus populaire. En choisissant la moyenne et la banalité, nous ne risquons pas de ne pas être aimés et nous ne sommes donc pas seuls. C'est du moins ce que nous pensons. En réalité, plus nous nous éloignons de notre moi authentique, plus nous nous sentons seuls.

Prendre une décision pour satisfaire la foule est aussi une façon de se déresponsabiliser. Comment pourrions-nous nous tromper ou être tenus pour responsables si nous choisissons ce qui est populaire et approuvé par la grande majorité ? Lorsque nous savons qui nous sommes, nous pouvons prendre des décisions rationnelles par nous-mêmes. Nous n'avons pas besoin de tomber dans le piège de choisir une option parce qu'elle a déjà été validée par les masses. Lorsque nous nous aimons pour ce que nous sommes vraiment, peu importe ce que les autres pensent de nous. Nous sommes inébranlables et continuons à avancer sur notre chemin. Nous savons ce qui est vrai et bon pour nous. Nous pouvons oser accomplir tout ce que nous voulons vraiment. Nous devenons instoppables. Les personnes qui trouvent leur moi profond deviennent plus tolérantes et peuvent accepter les autres pour ce qu'ils sont. Elles ne se mêlent que de leurs affaires et pas de celles des autres.

Nous avons tous besoin d'oser davantage pour vivre notre vie avec détermination et authenticité. On ne sait jamais où cela peut nous mener ! Bien sûr, tout et tout le monde ne mérite pas un oui, surtout si quelque chose est particulièrement dangereux. Pourtant, il y a tant de « oui » que nous pouvons faire en toute sécurité et qui nous ouvriront des portes : rencontrer de nouvelles personnes, recommencer à zéro, établir les corrélations qui nous font avancer et libérer notre potentiel. Nos vies ont besoin de plus de sérendipité. Si nous voulons aller plus loin, nous devons nous ouvrir à des choses et à des personnes qui ne faisaient pas nécessairement partie de notre scénario dès le départ. Vivre une vie normative, c'est vivre dans le contrôle. Nous devons renoncer à ce contrôle pour être plus authentiques. Ces personnes et ces événements relanceront les dés et redistribueront nos cartes, souvent pour le meilleur. Nous ne savons jamais ce qui peut arriver. La sérendipité ne consiste pas à se jeter dans la première situation périlleuse que l'on rencontre et à espérer que cela marche ; il s'agit d'être suffisamment attentif et présent pour repérer les opportunités inattendues et établir les bonnes connexions au bon moment.

Il est également fondamental de ne pas rester bloqué et de ne pas devenir l'esclave de la peur de ne pas être à sa place. Il n'y a rien de plus dommageable que de se diminuer par crainte de ne pas être à sa place. Lorsque nous atténuons tout ce qu'il y a de spécial et d'unique en nous pour nous assurer d'être aimés et acceptés, nous n'obtenons qu'un faux sentiment d'appartenance. Il n'est pas sincère. Nous aurons toujours l'impression d'être un imposteur sur le point d'être démasqué. Nous ne pouvons pas nous détendre et nous vivons dans un état constant de peur d'être abandonnés une fois la vérité connue. Lorsque nous sommes authentiques, nous attirons et nous nous entourons des personnes qui nous correspondent. Et nous ne risquons pas que ces personnes nous abandonnent parce qu'elles ne nous comprennent pas ou se sentent mal à l'aise en notre présence.

Il peut être effrayant d'oser vivre son moi le plus authentique, d'autant plus qu'il est encore plus effrayant et traumatisant d'être rejeté pour ce que l'on est vraiment. Cela demande un acte de foi. Il ne faut pas le regretter, car il est fatal de vivre entouré des mauvaises personnes, de jouer un rôle et de ne jamais incarner ce que l'on est vraiment. Cela empêche le monde de connaître notre véritable personnalité et nous empêche de vivre la seule vie qui nous a été donnée.

Cette vie est une expérience unique ; quelles que soient nos convictions, faisons en sorte de la remplir avec ce qui compte pour nous. Aucun d'entre nous n'est né et n'a signé un accord commun pour décider de ce que chacun devrait avoir fait à un âge donné pour gagner le titre de champion de l'univers. Malheureusement, la plupart des gens vivent selon les règles d'on-ne-sait-qui pour s'assurer qu'ils atteignent les objectifs fixés lorsque ce quelqu'un — nous ne savons toujours pas qui — leur a dit qu'ils devaient les atteindre. Tout ça pour réaliser qu'ils vivent en totale dissonance. Nos vies ne seront vraiment authentiques que si nous suivons notre propre rythme, celui qui produit notre flow particulier. Le jour de notre mort, si nous avons passé notre vie à prendre nos propres décisions, les gens se souviendront de nous. Cela signifiera que nous n'avons pas vécu comme des bénis-oui-oui en demandant constamment l'opinion et l'approbation des autres.

Nous n'aurons pas de seconde chance sur terre. Si la mort n'est pas la fin, c'est au moins la fin de cette expérience particulière avec un grand point d'interrogation sur la suite. Nous n'avons donc qu'une seule chance de nous assurer que nous sommes consciemment nous-mêmes et que nous vivons notre trajectoire unique. On se sent en sécurité en suivant les conseils des autres jusqu'à ce que ce ne soit plus le cas. Parce qu'une fois que nous renonçons à être responsables de nous-mêmes, nous renonçons également à ce qui nous rend uniques. Nous renonçons à cette expérience singulière qu'est la vie.

Je n'ai jamais assisté à un enterrement et entendu un éloge funèbre où la famille et les amis se réunissaient et se remémoraient comment le défunt avait une taille et un poids standards et avait franchi toutes les étapes qui sont censées faire de vous un être humain accompli. Lorsque les gens se réunissent pour des funérailles ou évoquent plus tard la mémoire de quelqu'un, ils passent du temps à partager tout ce qui était si unique et caractéristique de la personne disparue. Ils ne passent jamais de temps à parler de la qualité moyenne de leur vie. Les gens se souviennent de ce qui est exceptionnel chez nous, ce que la norme, par essence, ne peut pas être.

7

LE CERCLE VERTUEUX D'ÉCOUTER LES AUTRES DAVANTAGE ET DE LES JUGER MOINS. ET POURQUOI NOUS DEVRIONS COMMENCER PAR NOUS-MÊME.

On ne naît pas enclin à critiquer. C'est quelque chose que nous acquérons en grandissant. Lorsque nous sommes enfants, nous ne nous jugeons pas nous-mêmes et nous ne nous jugeons pas les uns les autres. Nous ne passons pas notre temps à donner des avis sur ce que nous vivons. Nous sommes simplement vivants. Ce n'est pas plus compliqué que cela : vivre et expérimenter. Quand nous grandissons et que nous développons la notion d'altérité, nous nous mettons à comparer, à juger, à mettre notre nez dans la vie des autres. Les personnes qui nous entourent nous remplissent de croyances qui conditionnent une partie de notre développement. Et nous commençons à donner aux autres des avis et des conseils non sollicités. Nous passons de plus en plus de temps à évaluer autrui plutôt qu'à nous concentrer sur notre cheminement personnel, tout en leur accordant rarement une véritable attention et une véritable écoute.

La vie est courte. Passer notre temps précieux à juger et à s'occuper des affaires des autres est tout simplement une mauvaise utilisation de notre énergie et de notre temps. Chaque minute que nous passons à agir sur la vie des autres est du temps que nous ne récupérerons jamais pour le consacrer à la nôtre et à la construction de notre héritage. Mais, bien sûr, nous ne devrions pas nous préoccuper uniquement de nous-mêmes et ignorer le reste du monde. C'est une chose de se préoccuper des autres, et une autre que de trop s'impliquer dans leur vie.

Il est toujours plus facile d'enquêter sur les secrets les plus profonds d'autrui et de commenter leurs actions que d'agir sur nos propres objectifs et notre propre vie. En nous occupant des autres, nous n'avons pas à faire face à notre propre réalité. Lorsque nous les jugeons, nous le faisons souvent pour cacher nos insécurités ; cela devient une excuse parfaite pour éviter de nous regarder en face et d'affronter notre manque de confiance et d'estime de nous-mêmes. Au fond, le besoin de juger et de donner des conseils non sollicités ne concerne pas les autres ; nous nous en moquons éperdument. Nous avons simplement besoin de nous distraire et de nous évader de nous-mêmes. Mais c'est aussi une perte de temps totale qui ne sera jamais récupérable. Lorsque nous n'avons pas l'impression de passer à côté de quelque chose ou de manquer en général, nous n'avons pas le temps de juger ou de nous impliquer dans la vie d'autrui. Nous nous efforçons de tirer le meilleur parti de la nôtre. Nous sommes prêts à remettre en question qui nous sommes, les décisions que nous prenons et nos croyances.

J'ai eu la chance de voyager dans de nombreux pays et sur plusieurs continents. Dans chacun d'eux, j'ai rencontré de nouvelles personnes et de nouvelles cultures et j'ai fait l'expérience de différences et de curiosités. Cela a toujours été une grande leçon d'humilité de remettre en question mes préjugés inconscients et de constater que c'est moi qui suis différente et curieuse partout ailleurs que chez moi. Nous grandissons imbus de nous-mêmes, convaincus de notre bon droit à penser que notre façon de faire est nécessairement la meilleure. Nous n'y pouvons rien. Mais rien ni personne dans l'univers n'a l'autorité de déclarer que notre but est de prêcher et de convertir. Pourtant, notre réaction spontanée est toujours d'essayer de persuader quelqu'un que nous savons mieux que lui, que notre perception est la bonne. Nous sommes prompts à faire sentir aux autres qu'ils sont illégitimes et à invalider leurs expériences. Chacun mérite que son expérience soit reconnue et chacun mérite d'avoir une chance de vivre sa vie selon sa volonté. La Terre et l'univers tout entier sont divers, il est donc absurde de les gouverner de manière unique et de traiter les gens comme des clones.

Tout le monde peut nous apprendre quelque chose. C'est en sortant de notre zone de confort et en étant prêt à écouter des arguments contradictoires que nous apprenons le plus. C'est là que nous pouvons évoluer. Il est dangereux, voire mortel, de croire que nous avons toujours raison et que les choses sont immuables. Peut-être que personne ne changera d'avis à la fin, ce n'est pas grave. Mais il n'y a pas de mal à écouter quelqu'un qui voit les choses sous un angle différent.

Maintenant que l'information est disponible si facilement, c'est un choix de rester mal informé ou non informé et de rester dans notre chambre d'écho. C'est nous qui décidons de ne passer du temps qu'avec des personnes qui ont exactement les mêmes opinions que nous. Il n'y a rien de juste ni de noble à critiquer les autres sans avoir fait l'effort de les connaître. Certaines personnes n'aspireront jamais à quitter leur zone de confort et à faire un pas en avant pour rencontrer les gens à mi-chemin et les comprendre. Elles sont bien là où elles sont et sont ce qu'elles sont, entourées uniquement de personnes partageant les mêmes idées qu'elles. Bien que ce soit leur prérogative, ils n'ont aucune légitimité à juger les autres de loin. La seule façon de célébrer et de stimuler la diversité est d'écouter et de comprendre.

Cela commence par nous — avant de cesser de juger les autres, nous devons commencer par nous-mêmes. Notre voix intérieure doit être un soutien, pas un tyran. Cette voix ne devrait pas nous angoisser. Elle doit être bienveillante, nous guider et nous encourager. Elle doit nous aider à prendre des décisions par nous-mêmes, pour nous-mêmes. Pourtant, notre voix intérieure est trop souvent la plus dure. Nous ne dirions jamais à quelqu'un d'autre ce que nous osons nous dire à nous-mêmes. Nous ne nous rallierions jamais à une petite brute. Pourtant, nous trouvons tout à fait normal d'être notre propre tyran et de passer nos journées à nous harceler nous-mêmes. Notre monologue brutal, presque abusif, devient la bande originale de notre routine quotidienne. La conséquence de ce harcèlement est que nous nous déconnectons complètement de notre sagesse intérieure et de notre caractère. Incapables de faire taire ce murmure pernicieux, nous nous infligeons des blessures et des comportements abrutissants, et nous cherchons à nous distraire. Avec le temps, nous prenons l'habitude de demander de l'aide aux autres pour prendre une décision, car nous préférons ne pas avoir à débattre et à réfléchir par nous-mêmes pendant des heures, ce qui, de toute façon, n'aboutirait qu'à l'exaspération et à l'épuisement. C'est une autre forme d'automutilation, qui a les mêmes conséquences que le fait de céder à l'inquiétude permanente. Lorsque vous passez des heures à vous juger et à vous critiquer, vous finissez par vous faire du mal pour de vrai. Avec le temps, votre mode par défaut se transforme en auto-reproche, ce qui aura un impact durable sur votre état d'esprit en général et sur vos interactions avec les autres.

Notre intuition et notre moi profond constituent notre pouvoir singulier. Notre intuition l'emportera toujours sur les conseils et les opinions des autres. Les gens peuvent se dévouer pour nous aider, mais ils ne sauront jamais mieux que notre sagesse intérieure. C'est pourquoi il est essentiel d'être capable de se connecter à notre intuition plutôt que de l'utiliser dans le seul but de nous intimider nous-même. Nous devons être capables de calmer notre cerveau et de le laisser nous guider paisiblement et raisonnablement grâce aux informations fournies par nos sentiments et nos sens.

Être un bon ami ne signifie pas diriger la vie de ses amis et attendre d'eux qu'ils soient comme vous et qu'ils prennent exactement les mêmes décisions que vous dans n'importe quelle situation. Être un bon ami, c'est se montrer présent lorsque l'autre en a besoin, être à l'écoute et l'aider en conséquence si c'est nécessaire et si on nous le demande.

Il est fondamental d'essayer de comprendre le point de vue d'autrui et de faire preuve d'empathie. Mais c'est un leurre de penser qu'il est productif de dire aux gens : « Si j'étais à votre place, voilà ce que je ferais ». En réalité, même si nous faisons de notre mieux pour nous mettre à leur place, cela ne signifie pas que nous sachions ce qui est le mieux pour eux. Personne n'a ce super pouvoir. Lorsque quelqu'un partage quelque chose avec nous, il ne cherche pas tant des conseils que quelqu'un qui l'écoute. La plupart du temps, les conseils non sollicités causent des dommages. Nous essayons tellement d'être « le meilleur ami », « le meilleur frère », « le meilleur parent » ou « le meilleur partenaire » que nous ne conseillons pas les gens pour les aider réellement ; nous leur donnons des conseils pour l'image que cela donne de nous et le bien-être que cela nous procure — cela renforce notre position et notre statut social vis-à-vis d'eux. Ainsi, nous restons coincés dans un mode de validation où nous cherchons davantage à faire reconnaître notre statut qu'à être une oreille empathique et bienveillante. Lorsque nous prodiguons des conseils non sollicités, nous n'écoutons pas, ce qui nous empêche de donner de véritables bons conseils. Un conseil n'est pas et ne sera jamais un ordre. Celui qui demande un avis n'est pas forcé d'agir en conséquence et de le suivre obligatoirement.

Je ne doute pas un instant que notre famille et nos amis ne nous veulent aucun mal. Mais je commence à croire que notre tendance à prodiguer des conseils automatiques et à toujours demander l'avis des autres est la conséquence directe du fait que nous vivons tous en pilote automatique. Avec le temps, nous accordons plus d'importance à ce que notre entourage nous conseille. Nous prenons des mesures et des décisions pour suivre ce qu'il nous dit sans même prendre le temps d'évaluer si c'est souhaitable pour nous. C'est parfois stressant de prendre des décisions, car nous n'avons aucune garantie quant au résultat ou à la manière dont les choses se dérouleront. Il est si facile de se dire que suivre les conseils des gens montre à quel point nous sommes gentils et reconnaissants envers eux. Principalement parce que si vous prenez une décision difficile en vous basant sur les opinions des autres, vous vous sentez au moins à l'abri qu'ils vous disent qu'ils vous avaient mis en garde. Mais, en même temps, c'est une façon inconsciente de nous désavouer de nos décisions. Lorsque nous nous en remettons toujours aux autres, nous leur cédons notre pouvoir. Nous ne nous donnons jamais les moyens d'agir si nous sollicitons toujours des avis extérieurs pour prendre des décisions. Et rapidement, nous devenons totalement incapables de décider et d'agir par nous-mêmes. L'empathie est vitale. Nous devrions tous essayer d'être plus empathiques les uns envers les autres. Grâce à l'empathie, nous pouvons nous rendre compte que si les gens ne suivent pas toujours nos suggestions ou ce que nous attendons d'eux, ils ne sont pas pour autant ingrats et hostiles. Leur expérience et leurs sentiments sont toujours légitimes. Ils le font parce qu'ils ont suffisamment confiance en eux pour décider de ce qui est le mieux pour eux en fin de compte.

Il est facile de détester et de rejeter ce que l'on ne connaît pas et ce que l'on ne comprend pas. Il est toujours plus facile de ne pas changer ou de ne pas découvrir quelque chose de nouveau. Un état d'esprit fixe est relaxant parce qu'il n'est jamais remis en question. Il est difficile d'essayer de comprendre le point de vue et la perspective de quelqu'un d'autre. Cela implique beaucoup d'abnégation. Mais dès que nous ouvrons la porte à l'écoute, nous permettons l'évolution et le développement de chacun. Il est rare qu'une personne ait raison à 100 % et que l'autre ait tort à 100 %. Il s'agit avant tout de deux expériences de vie, de milieux et d'éducations différents. Personne ne nous doit d'être comme nous. Et nous ne le devons à personne. Ce serait tellement ennuyeux. La meilleure façon d'avoir un impact sur les gens est de faire en sorte qu'ils se sentent écoutés, compris et soutenus. Si vous vous souciez sincèrement des autres, on se souviendra de vous.

Chaque décision que nous prenons contribue à façonner notre nécrologie. Nous ne sommes pas immortels, mais notre héritage nous survivra. Tôt ou tard, cette nécrologie sera la seule chose qui restera de nous. Nous la créons chaque jour en vivant et en prenant des décisions. Elle doit raconter notre histoire et décrire notre personnalité, car c'est ainsi que l'on se souviendra de nous. L'intrigue de notre vie ne doit pas porter sur le jugement que nous avons porté sur les autres et sur le fait que nous avons passé le plus clair de notre temps à mettre notre nez dans leurs affaires. Elle ne doit jamais ressembler à un verdict. Au lieu de dire que nous étions doués pour prendre des décisions à la place des autres, nous devrions raconter comment nous avons soutenu et guidé nos amis proches et notre famille lorsqu'ils le demandaient. Nous ne marquons pas de point pour notre capacité à intimider et juger les autres et nous-mêmes. Lorsque nous n'avons pas de bonnes intentions à nous impliquer dans la vie des gens, nous devrions simplement nous abstenir de le faire. Ce qui compte vraiment et fait de nous des êtres humains incroyables, c'est lorsque, tout en faisant face aux défis de notre vie, nous parvenons à être suffisamment attentifs et tolérants pour créer un espace sûr permettant à d'autres personnes de s'épanouir dans la version la plus authentique d'eux-mêmes. Ils se souviendront toujours de la façon dont nous leur avons tendu nos oreilles.

8

L'ÈRE DES OUTILS DE COMMUNICATION.
UN DÉSASTRE.

Au cours des dernières décennies, nos modes de communication ont radicalement changé. C'est la première fois dans l'histoire de l'humanité que nous disposons d'autant de dispositifs de communication avancés qui nous permettent d'être joignables presque en permanence. Quelle ironie qu'ils nous fassent ressentir une solitude inégalée! Ils sont censés nous aider à nous connecter les uns aux autres mais, en fait, nous les utilisons pour éviter, autant que possible, de rencontrer des gens et d'avoir de vraies conversations avec eux. Nous nous cachons derrière nos outils. Ils sont devenus la tour de contrôle à partir de laquelle nous gérons toutes nos interactions sociales. Nous les utilisons pour être reconnus et encensés, et non plus pour créer un lien avec d'autres êtres humains. Ils nous aident à simuler les relations et les liens que nous avons, à faire semblant et à faire le strict minimum pour les maintenir. Il est triste de constater que les gens préfèrent passer des heures à obtenir un selfie parfait et des centaines de likes plutôt que de passer du temps de qualité avec leurs proches. En effet, nous devenons tous un peu plus égocentriques. Nous ressentons le besoin de partager chaque aspect et chaque événement mineur de notre vie et de collectionner des centaines de photos de nous-mêmes de plus en plus filtrées. Nous voulons participer à toutes les discussions et être reconnus pour nos opinions. Nous avons besoin de raconter nos histoires, même celles qui n'ont que peu d'intérêt. Nous avons soif de réactions et d'éloges. La plupart du temps, nous ne nous intéressons pas aux aventures des autres et nous ne sommes pas véritablement intrigués lorsque nous les écoutons. Nous vivons dans une chambre d'écho déclamant un monologue sans fin. Nous pensons avoir tous les droits à nous exprimer et être vus continuellement.

Nous ne discutons plus ; nous parlons avec les autres pour prouver que nous avons raison et pour gagner des disputes et des débats. Notre objectif n'est plus de partager des informations, des expériences et des connaissances, ni d'établir des liens. Lorsque nous partageons quelque chose avec quelqu'un, nous pensons à l'image que cela donnera de nous et au crédit social que cela nous apportera. Sur ces plateformes, nous partageons ce qui, selon nous, nous fera paraître bons, intéressants et à la pointe. En réalité, ce besoin irrépressible de parler et de s'exprimer si souvent est un aveu de nos doutes et de notre besoin de validation. Le silence et les temps morts sont éprouvants. Nous sommes prêts à tout pour combler le vide, que ce soit en parlant ou en partageant tout ce qui nous passe par la tête et qui peut rendre notre environnement bruyant. Mais cela ne fait que créer un vacarme, dans lequel nous devons parler encore plus fort pour nous sentir entendus et, si nous avons de la chance, reconnus et compris.

Nos relations sont devenues nos nouveaux champs de bataille. Nous utilisons nos outils de communication comme des armes : nous devons envoyer la meilleure punchline, nous devons créer ou neutraliser un buzz, nos histoires doivent être extraordinaires et nos profils phénoménaux. Nous sommes en guerre, nous nous battons pour être les plus vus et les plus entendus. Nous abordons la communication non pas comme un moyen de se connecter, mais comme un moyen de dominer. Nous gagnerons lorsque nous obtiendrons la reconnaissance ultime. Nous conquérons l'attention du public ; nous avons besoin de plus en plus d'espace sur les fils d'actualités. Nous sommes tactiques avec nos hashtags et nos mentions. Nous nous battons pour préserver une image que nous passons tant de temps à peaufiner tout en nous assurant que de plus en plus de personnes nous valident et nous soutiennent. Nos appareils ne sont pas au service de notre communication et de nos connexions, ils sont un mégaphone utilisé pour nous vendre. Nous créons et partageons du contenu non pas pour construire une communauté d'amis, mais plutôt pour obtenir le label d'influenceur qui pourrait transformer cette communauté en source de revenus. Nous ne vivons pas nos vies pour les rendre mémorables. Nous nous battons pour obtenir des espaces de stockage afin de sauvegarder nos données et de laisser des souvenirs de nous après notre mort. Un geste désespéré pour frôler l'immortalité.

Une communication saine est vitale, car la communication est synonyme de connexion. Lorsque j'étais enfant, nous n'avions que quelques options pour communiquer avec quelqu'un : lui parler en personne s'il était là, écrire une lettre, envoyer un fax ou l'appeler avec une ligne téléphonique fixe. Pendant mon adolescence, les téléphones portables sont arrivés, puis les emails et les chats en ligne. Aujourd'hui, nous pouvons faire des appels vidéo, envoyer des notes vocales, faire des appels vidéo de groupe et même nous rencontrer dans le métavers. Bien que cela semble nous permettre d'être toujours en contact avec quelqu'un, cela a également rendu la communication plus compliquée.

Les gens passent la plupart de leur temps à se concentrer uniquement sur ce qu'ils veulent dire — tout tourne autour d'eux et de leurs messages. Mais personne ne peut faire passer son message s'il ne comprend pas son audience et la manière dont ce public communique et reçoit un message. Lorsque deux personnes sont engagées dans une conversation mais qu'elles ne se concentrent que sur elles-mêmes et sur ce qu'elles veulent dire, la conversation sera certainement inaudible et sujette à des malentendus. Cela est dû à la croyance erronée selon laquelle la communication consiste à parler, ce qui, par définition, est une voie à sens unique. La communication, c'est tout le contraire. C'est un échange. Sans échange, il n'y a pas de dialogue.

Il y a une certaine paresse à n'utiliser que la communication écrite plutôt que d'appeler ou de rencontrer les gens. Chaque mot a une signification, mais le ton, le corps et le regard sont également essentiels pour transmettre un message complet. Il y a une certaine déshumanisation lorsque nous nous contentons d'envoyer des SMS aux gens au lieu de les appeler ou de les rencontrer. Lorsque nous nous concentrons uniquement sur la communication écrite, c'est plus pratique, certes, mais nous passons à côté de tout ce qu'il y a d'agréable dans la communication avec quelqu'un. Nous ne nous engageons pas de la même manière et nous laissons nos messages sujets à interprétation. Tout comme nous avons analysé des textes au lycée, nous analysons aujourd'hui des SMS sur nos téléphones portables. Alors qu'il n'a jamais été possible de savoir et de traduire pour de bon ce qu'un auteur voulait dire dans ses œuvres, nous pensons que nous pouvons d'une certaine manière comprendre toute l'étendue des intentions de quelqu'un à notre égard en interprétant un SMS de sept à dix mots. Nous naviguons dans le monde flou de la communication à l'ère numérique comme des détectives privés. Nous nous nourrissons d'interprétations et supposons que la vie, nos proches et nos relations perdues nous laissent des messages cachés et des indices dans leurs SMS, stories, légendes et autres contenus sur les réseaux sociaux. Nous passons des heures à analyser ce que quelqu'un voulait vraiment dire sans jamais lui demander directement des éclaircissements. Ce faisant, nous nous protégeons du manque de contrôle sur le résultat. Un résultat qui n'est souvent pas celui que nous avions imaginé. Nous passons ensuite autant de temps à réfléchir à la meilleure réponse possible — une réponse qui sera empreinte de détachement et qui contrôlera une éventuelle duplicité. De telles relations et un tel mode de communication ne peuvent être qu'incertains.

Les gens se concentrent davantage sur la parole et l'écriture et moins sur l'écoute et l'interaction, car cela leur permet de rester en contact sans que leur routine quotidienne ne soit trop perturbée. Nous pouvons être multitâches et nous avons l'impression d'optimiser notre temps. En réalité, il n'y a pas d'optimisation du tout ! Nous ne sommes pas présents et ne prêtons guère attention à ce que nous faisons et essayons d'accomplir.

Nous pouvons imposer notre tempo et décider à quelle fréquence nous sommes disponibles. Nous pouvons être en ligne 24 heures sur 24, 7 jours sur 7, tout en restant injoignables. Ce qui semble le plus important, c'est de savoir si nous sommes à l'aise et si nous optimisons notre temps.

Malheureusement, même lorsque nous nous rencontrons en personne, nous sommes tellement concentrés sur ce que nous voulons dire que personne n'est prêt à faire une pause et à clarifier, même s'il est évident que nous nous dirigeons vers un malentendu. Nous n'écoutons pas. Tristement, nous prenons rarement le temps de vérifier si nos hypothèses sont correctes. Dès le départ, nous les considérons comme des vérités indiscutables. Nous voyons quelque chose, nous entendons quelque chose et nous tirons des conclusions sur la base de nos perceptions.

Le plus souvent, nous nous trompons et nos hypothèses sont farfelues. Elles manquent d'empathie et d'objectivité. Et surtout, nous ne serons jamais dans la tête de quelqu'un d'autre, nous ne pouvons donc que faire de mauvaises suppositions sur ce qu'autrui pense vraiment. Les suppositions sont confortables, c'est pourquoi nous nous y tenons. Il est facile de supposer, et il est agréable de s'asseoir dans sa propre tête et de se raconter des histoires exagérées. Vérifier les faits et être ouvert à la réfutation est effrayant pour notre ego et semble demander trop d'efforts.

Parce que nous savons comment parler, nous pensons qu'à chaque fois que nous le faisons, ce que nous disons et ce que nous voulons dire est clair comme de l'eau de roche pour notre interlocuteur. Ce n'est presque jamais le cas ! De notre pensée initiale jusqu'à l'oreille et à la compréhension de quelqu'un d'autre, notre message passe par de nombreux filtres : deux personnes différentes, des préjugés inconscients, des manières, des sentiments, des états émotionnels et une disposition à s'engager sincèrement avec l'autre. Bien que la plupart d'entre nous ne le fassent pas, il est essentiel de demander à quelqu'un de reformuler quelque chose lorsque nous pensons que nous n'avons pas bien compris la première fois. Le meilleur moyen de limiter les dégâts liés à nos suppositions est, en effet, de poser des questions. C'est insensé quand on y pense ! Nous voulons tous être entendus, mais aucun d'entre nous n'est prêt à écouter. En posant des questions, nous pouvons dissiper tous les malentendus possibles. Les questions sont également le meilleur moyen d'approfondir un lien et d'en apprendre davantage sur quelqu'un. On ne sait jamais où une question peut nous mener ; c'est pourquoi nous devrions nous empresser de poser des questions aux autres. En particulier aux personnes qui nous sont les plus chères. Même si notre temps sur terre est limité, nous en avons suffisamment pour poser ces questions, en apprendre davantage sur ces personnes et approfondir n'importe quel sujet. De temps en temps, il est utile d'être là uniquement pour écouter activement quelqu'un d'autre. Non pas dans l'intention de répondre et de donner notre avis sur un sujet, mais pour lui demander de partager et de développer encore plus. Il y a tellement de dimensions en chacun de nous — quel gâchis que de passer plus de temps à élaborer sans cesse sur nous-mêmes qu'à découvrir la profondeur de quelqu'un d'autre ! Communiquer sincèrement demande plus d'investissement, et très peu de gens consacrent encore le temps nécessaire pour entrer véritablement en contact avec autrui. Nous aspirons tous à un niveau d'attachement plus profond, mais aucun d'entre nous n'est prêt à plonger.

C'est fou comme nous sommes prêts à abîmer nos relations parce que nous ne voulons pas investir pour communiquer différemment et mieux. Si nous tenons vraiment à nos proches et à nos relations, nous devrions être prêts à les entretenir, que ce soit en décrochant le téléphone plus souvent ou en prenant quelqu'un dans nos bras plutôt qu'en lui envoyant un SMS d'encouragement et en ne lui donnant ensuite aucune nouvelle pendant six mois. Chaque fois que nous avons une opportunité, nous ne devons pas la gâcher parce que nous avons des doutes, de l'orgueil ou que nous sommes simplement paresseux.

Nous attendons des autres qu'ils nous comprennent quoi qu'il arrive. S'il y a une confusion ou un malentendu, c'est uniquement à cause de leur mauvaise volonté. Nous nous remettons rarement en question. Nous ne prenons plus le temps d'appeler et de rencontrer les gens, même si nous savons qu'un jour il sera trop tard parce qu'ils seront partis. Néanmoins, nous attendons toujours d'eux qu'ils nous accordent leur attention exclusive. Lorsque nous perdons quelqu'un, il n'y a rien que nous regrettons plus que de ne plus pouvoir communiquer avec lui. Nous avons le cœur brisé de ne pas pouvoir le serrer dans nos bras une dernière fois et passer un autre moment ensemble. Partout dans le monde, l'humanité regorge d'histoires de personnes qui tentent d'entrer en contact avec l'esprit de leurs proches décédés dans l'au-delà. Alors, qu'attendons-nous ? !

Lorsque vous réalisez à quel point les choses peuvent être faciles lorsque vous investissez dans une communication honnête et directe, les relations deviennent soudain plus fluides. Même si vous croyez fermement qu'il y a une vie après la mort et que la mort n'est qu'un adieu momentané, vous devez vous assurer de dire aux gens ce qu'ils représentent pour vous et à quel point ils vous sont chers pendant que vous le pouvez. Cette vie n'est pas une répétition ; nous ne sommes pas des acteurs qui mémorisent leur texte et savent qu'ils peuvent enregistrer plusieurs prises jusqu'à ce qu'ils le livrent parfaitement. C'est notre seule chance de dire ce que nous pensons et de nous connecter avec les personnes que nous aimons. Nous ne devons pas la gâcher comme si ce n'était pas grave et comme si nous aurons une autre occasion. Nous méritons tous la franchise, l'honnêteté et des relations sincères dans cette vie. Se connecter avec les gens et vivre l'expérience humaine n'est pas quelque chose qui peut attendre. Si nous sommes responsables de nous-mêmes, de tirer le meilleur parti de notre temps de vie et d'être le personnage principal de notre histoire, cela ne signifierait rien si nous ne partagions pas notre temps précieux et notre attention sincère avec ceux que nous aimons.

Lorsque nous vivons chaque jour de manière intentionnelle, nous créons ce qui sera notre éloge funèbre et notre héritage. Ce sont ces deux éléments qui nous survivront et nous maintiendront en vie dans le cœur et la mémoire des gens.

9

LA VIE NE SE PASSE PAS EN LIGNE, ET NOUS NE NOUS RÉINCARNERONS PAS SOUS LA FORME DE NOS AVATARS DANS LE MÉTAVERSE, POUR L'INSTANT.

Les êtres humains aiment le confort et ont un besoin fondamental de se sentir et d'être en sécurité. Les personnes qui s'occupent de nous en premier lieu sont celles qui nous donnent — ou sont censées nous donner — notre premier sentiment de sécurité et de paix. Nos maisons sont le premier endroit où nous devrions trouver du réconfort et nous sentir en sécurité. Mais maintenant que nous pouvons nous connecter en ligne, créer des avatars ou expérimenter des espaces alternatifs, les endroits où nous nous exposons sont plus nombreux.

Parce qu'ils sont virtuels, nos profils et nos personnages semblent étonnamment sûrs. Tout ce qui se passe en ligne semble n'avoir aucune conséquence réelle. Ils sont une extension de nous-mêmes et un lieu de vie protégé de la dure vérité de la vie réelle. Nous pouvons faire semblant, utiliser des filtres, ne sélectionner que nos meilleurs contenus, cacher et supprimer ce dont nous pourrions avoir honte ou être sujets à critique, et nous pouvons en fin de compte bloquer tout ce qui menace notre paix et notre sens de l'identité. Nos profils nous permettent de mieux contrôler qui nous sommes et comment nous décidons d'apparaître à notre réseau, ainsi que ce que nous faisons. En ligne, tout semble contrôlable et accessible. Nous pouvons facilement devenir — ou du moins prétendre devenir — la personne que nous rêvons d'être.

Mais tout cela a un prix : plus nous passons de temps à nous connecter en ligne, plus nous nous déconnectons de la vie réelle. Plus nous passons de temps à construire notre avatar, moins nous passons de temps à construire notre caractère.

Les réseaux sociaux, par exemple, devraient rester un outil. Un outil de connexion et de promotion. Un appareil, pas un alter-ego. Le calcul est simple et rapide : si nous passons une heure par jour sur les réseaux sociaux ou en ligne, cela signifie que nous passons environ 15 jours en ligne par an. Deux heures en ligne par jour équivalent à un mois par an. Un. mois. Digérez ça !

Quelle que soit la raison pour laquelle nous sommes en ligne, entrer en contact avec des personnes, créer notre image de marque, réaliser des ventes ou nous vendre, n'oublions pas qu'en fin de compte, la plupart de ces activités restent VIRTUELLES. Si demain il y avait une panne d'électricité et que nous ne pouvions plus aller en ligne et publier des stories sur nos profils, cela nous ferait-il perdre de notre valeur ? Sommes-nous moins bons ou moins intéressants parce que nous ne pouvons pas partager instantanément nos vies avec le monde entier ? Il semble vain de passer autant de temps à peaufiner notre personnalité en ligne si nous ne sommes pas capables de prendre soin de nous-mêmes et des autres dans la vie réelle. Internet peut nous obliger à rendre des comptes aux autres, mais il ne devrait pas être notre carburant. Nous ne devrions pas avoir besoin d'une vitrine pour agir comme des êtres humains décents.

Je fais l'éloge d'Internet et des espaces de connexion alternatifs pour les opportunités et l'assistance qu'ils offrent aux artistes, aux petites entreprises et aux personnes isolées. En effet, ils leur permettent d'atteindre des personnes qui, auparavant, n'étaient pas, ou pas si facilement, accessibles. Internet a ouvert un marché mondial pour tous les entrepreneurs. Il a permis de mettre en relation des personnes de tous horizons partageant les mêmes idées, ce qui est tout à fait remarquable. Pourtant, même si tout cela est formidable, nous n'emporterons pas notre vie en ligne avec nous une fois que nous serons morts. Ce qui se passe en ligne, par définition, n'est pas incarné, alors que cette vie consiste précisément à être incarné.

Si vous utilisez une tronçonneuse sans avoir appris à le faire correctement, vous risquez de vous blesser, de blesser quelqu'un d'autre ou de détruire quelque chose. Si vous étudiez comment tirer le meilleur parti de cet outil, vous pourrez l'utiliser sans causer de dommages. Il faut apprendre à utiliser un outil pour le maîtriser et le rendre inoffensif. Un instrument n'est pas mauvais ou bon par nature, c'est l'intention que nous avons lorsque nous le créons et la manière dont nous l'utilisons qui le rendent nuisible ou utile.

Malheureusement, il est désormais prouvé que les réseaux sociaux n'ont pas été construits de manière inoffensive. Leurs ingénieurs ont témoigné qu'ils regrettaient la façon dont ils les avaient créés et leur mode de fonctionnement, car en effet, ils ne sont pas sans danger. Alors qu'il semble évident que nous devons apprendre à utiliser des outils au préalable, personne ne s'interroge jamais sur son utilisation des réseaux sociaux et sur la façon dont il se connecte pour la première fois. Les gens créent simplement des profils, se connectent et commencent à partager tout ce qui leur passe par la tête. D'autant plus que c'est gratuit.

Ces outils gratuits nous ont été proposés, nous les avons trouvés amusants au début, puis nous sommes devenus accros à la satisfaction immédiate qu'ils nous procurent chaque fois que quelqu'un réagit à notre contenu. Enfin, on nous reconnaît !

Il existe très peu de ressources sur la manière d'utiliser ces plateformes en toute sécurité. La plupart des cours sur les réseaux sociaux sont consacrés à l'enseignement du marketing numérique. Il s'agit de maintenir les internautes et nos followers engagés : plus de réactions, plus de génération de leads, plus de partages, plus de consommation, tout ce qui peut nous aider à faire plus de profit. Mais très peu de cours sont consacrés à l'enseignement des principes fondamentaux de l'utilisation consciente de ces outils et des risques qu'ils comportent. Presque tous les appareils sont accompagnés d'instructions de sécurité, d'avertissements à l'intention des utilisateurs et de clauses de non-responsabilité. Pourquoi n'y en a-t-il pas pour les plateformes en ligne, alors qu'il est prouvé qu'elles peuvent être dangereuses ?

∗

Le voyeurisme sans fin, le swipe infini et le scroll sans but sont une énorme perte de temps et une autre façon de s'abrutir. Lorsque nous allons en ligne et naviguons sans intention, c'est divertissant pendant un certain temps, jusqu'à ce que nous tombions dans un puits sans fond de contenu et que nous finissions par nous sentir étourdis.

C'est également très curieux, mais pourtant réel, de constater à quel point nos vies en ligne ont polarisé nos comportements. Aujourd'hui, nous nous gavons de tout. C'est comme si nous ne pouvions plus être équilibrés. Nous regardons des émissions et des médias sociaux de manière frénétique. Nous pouvons commander et recevoir presque tout le jour même. C'est une utilisation singulière du temps. C'était frustrant de devoir attendre quelque chose, mais nous jubilions une fois que nous l'avions obtenu. Aujourd'hui, nous voulons tout et tout le monde tout de suite. Si quelque chose n'est pas immédiat, nous lui accordons moins de crédit, ce qui est aussi un bon moyen de se sentir plus anxieux et en retard dans la vie. Avant Internet et les smartphones, nous n'avions pas de problème à ne pas recevoir de réponses instantanées. C'était normal. Nous ne nous posions pas de questions. Nous ne supposions pas immédiatement que les gens étaient malveillants, qu'ils jouaient à des jeux de manipulation avec nous ou qu'ils nous ignoraient tout simplement. Aujourd'hui, les gens nous laissent sur « vu », et nous nous retrouvons à flirter avec des crises de panique en pensant qu'ils viennent de nous envoyer sur les roses. Nous devenons également anxieux en pensant que nous devons répondre à tout le monde immédiatement et que nous devons toujours être disponibles puisque nos téléphones portables sont chargés. Nous ne tolérons un retard que si la batterie de la personne est déchargée ou si elle a ce que NOUS considérons comme une raison légitime de ne pas répondre tout de suite, ce qui est totalement subjectif. Nous attendons également une réaction à tout ce que nous disons ou partageons, même si tout n'appelle pas à réaction.

Le temps est notre devise la plus précieuse. Nous ne le récupérons jamais. Alors, même si ces outils peuvent être fantastiques, veillons à ce qu'ils ne prennent pas le contrôle de nos vies. J'ai mis une limite de temps sur mon compte Instagram et on me rappelle quand elle est atteinte et que je devrais me déconnecter. Pour respecter cette limite de temps, je dois me concentrer sur les personnes et les choses qui comptent vraiment pour moi. Je n'ai pas le temps de regarder toutes les personnes que je connais ou que j'ai connues. Le temps que je ne passe pas sur les profils de célébrités ou de n'importe qui au hasard est du temps que je peux investir dans la vraie vie et en moi. C'est du temps que je peux utiliser pour développer de nouveaux projets plutôt que de regarder les autres atteindre leurs objectifs et se vanter de leur réussite en comparaison à moi qui ne le fait pas.

Je veux faire l'expérience de la vie et des gens pour de vrai, pas à travers un écran. Je ne veux pas que ma vue et mon ouïe soient les seuls sens que j'utilise de mon vivant. Je ne veux pas gaspiller ou sous-développer les autres sens que j'ai eu la chance de recevoir, et je ne veux pas que mon temps soit continuellement piraté par les géants de la technologie. Je veux que mes expériences soient liées à mes sensations corporelles autant qu'à mon cerveau. Si je trouve pratique d'avoir de nouvelles options pour rester en contact, je ne vois pas l'innovation ou le progrès dans le fait de vivre toutes mes relations par l'intermédiaire de mon téléphone. Un téléphone ne communiquera jamais tout. Du moins, ce n'est pas encore le cas. Nous n'emportons pas nos téléphones et nos ordinateurs portables dans nos tombes et nous ne nous connecterons plus à nos profils bien-aimés une fois que nous serons morts. Nous devrions entretenir nos relations et nos expériences dans notre vie réelle, car c'est justement le seul moyen de tirer le meilleur parti du temps que nous avons.

Personne n'écrira dans nos éloges funèbres que nous avions des comptes de réseaux sociaux incroyables et n'évoquera le nombre de nos followers. Sérieusement, personne. Pendant que nous sommes coincés derrière nos écrans, nous ne construisons pas notre héritage dans la vie réelle. Des milliers d'images filtrées et de selfies ne constituent pas un héritage. Personne ne se souviendra jamais du temps qu'il a passé en ligne à aimer des publications, à suivre des gens et à être suivi. Les réseaux sociaux sont un outil formidable, mais ils doivent rester un outil qui nous aide à nous connecter et à nous rencontrer dans la vie réelle. Au cours des dernières décennies, les agences de communication ont engagé des armées d'experts en réseaux sociaux et consacré de l'énergie et des sommes d'argent folles à vendre une « e-réputation » à leurs clients. Peu importe que nous soyons des êtres humains décents IRL tant que nous avons de belles photos de profil, une base de followers substantielle et que nous pouvons générer du buzz.

Pouvons-nous nous arrêter une minute et prendre conscience du temps précieux que nous consacrons aujourd'hui à peaufiner chaque contenu que nous partageons en ligne ? Pourquoi sommes-nous d'accord pour consommer quotidiennement des réseaux sociaux tout en sachant qu'ils peuvent nous nuire de la même manière que le font des drogues ? Pourquoi avons-nous envie de ce qui nous anesthésie le plus ? Il s'agit d'un cercle vicieux, car nous alimentons un besoin d'attention tout en en créant davantage.

Je ne veux pas aller aux funérailles de mes proches, ayant été en contact avec eux plus par le biais de mon personnage sur les réseaux sociaux qu'ensemble dans la vie réelle. Nous ressentons tous le FOMO, mais aucun d'entre nous n'est prêt à changer et à effectuer le travail nécessaire pour ne jamais manquer quoi que ce soit et qui que ce soit. À quel point sommes-nous devenus paresseux pour laisser les géants de la tech prendre le dessus sur nos vies ? J'ai essayé la réalité augmentée. C'est amusant, impressionnant et divertissant, mais je ne peux pas considérer que c'est un progrès si cela signifie que je ne sortirai plus jamais de chez moi pour expérimenter la vie à l'extérieur. Un prisonnier pourrait nous dire à quel point il est dommageable de perdre sa liberté de mouvement et à quel point il est difficile d'être enfermé. Alors pourquoi est-il acceptable de nous infliger cela volontairement ? Le jour de notre mort, n'oublions pas que la plupart d'entre nous seront enterrés dans une boîte pour vivre l'éternité dans cet espace très défini et confiné. Pourquoi se précipiter pour enfiler un casque de RV et commencer de notre vivant une vie confinée dans le métavers ?

10

PERSONNE N'A JAMAIS MANQUÉ PARCE QU'IL A TROP DONNÉ.

De nombreuses personnes ont une peur profondément ancrée du manque. Même si elles ne sont pas dans le besoin, elles ont toujours cette peur irrationnelle de s'y retrouver soudainement. C'est pourquoi elles redoutent de donner. Certaines pensent même que cela les mettrait dans une position vulnérable et encouragerait les autres à profiter d'elles. Lorsque vous vous sentez ainsi exposé et que vous vivez dans la crainte que quelqu'un puisse abuser de vous, vous êtes tellement centré sur vous-même que vous n'avez évidemment pas le temps de penser à aider les autres. Le fait d'être le premier à donner nous fait non seulement nous sentir vulnérables, mais cela nous fait également croire que nous pourrions nous retrouver dans une situation de pénurie permanente. C'est un sentiment irrationnel car le manque n'est jamais une conséquence du don. Donner n'est jamais une dépossession. Cela n'a jamais poussé quelqu'un dans une situation de pauvreté. La plupart du temps, donner provoque le contraire. En effet, lorsque nous donnons aux autres, nous partageons la plus grande joie et le lien le plus profond. Cela fait toujours du bien d'aider quelqu'un d'autre et de savoir que l'on a fait la différence. Nous pouvons accomplir tant de choses lorsque nous sommes prêts à partager et à donner. Cela ne peut qu'avoir un effet multiplicateur.

La principale raison pour laquelle les gens ne donnent pas est qu'ils craignent de ne pas avoir assez à la base. C'est particulièrement vrai pour l'argent et les personnes qui se sont déjà trouvées dans une situation de manque. Une autre raison pour laquelle les gens ne donnent pas est qu'ils considèrent que c'est leur bon droit de garder pour eux ce qu'ils ont gagné. Pourquoi devraient-ils donner à quelqu'un d'autre ce qu'ils ont travaillé dur à obtenir? Pourquoi devraient-ils donner s'ils n'y sont pas obligés ou sans raison légitime de le faire? Peut-être n'ont-ils pas besoin de tout ce qu'ils ont maintenant, mais que se passerait-il s'ils en avaient besoin plus tard? N'est-il pas plus sûr dans ce cas de le garder? Cependant, le concept de don n'a jamais été et n'est pas une question de donner tout ce que l'on a. Il s'agit de petits gestes, de soutien et de partage de tout ce qui est un surplus. Ce petit plus, qui peut nous sembler insignifiant, peut changer la donne pour quelqu'un d'autre.

Donner en retour n'est pas seulement une question de quantité, mais avant tout une question de perspective. Lorsque les gens atteignent un certain niveau de richesse, ils perdent toute perspective. Ils commencent à vouloir plus que ce dont ils ont réellement besoin ou ce qu'ils pourraient utiliser au cours d'une vie. Il semble qu'ils essaient de remplir un puits sans fond. Bien que leurs besoins de base soient couverts, ils ont toujours besoin de plus car ils ont perdu de vue le fait que leur richesse est devenue un marqueur social avant tout — quelque chose qui leur permet de se sentir en sécurité, reconnus et leur donne de la valeur.

Nous avons besoin de faire preuve de plus de bon sens. Nous pouvons avoir une vie épanouissante et extraordinaire sans être multimilliardaires. Nous n'aurons jamais besoin d'autant d'argent au cours d'une vie pour que celle-ci soit digne d'intérêt. Avoir suffisamment de richesses pour se sentir en sécurité et ne pas avoir à lutter dans la vie contribue assurément à notre bonheur. Toutefois, des études ont montré qu'au-delà d'un certain niveau de richesse, l'argent ne rend pas plus heureux. L'argent n'est pas la clé ultime d'un bonheur authentique et sans artifice, ni le chemin obligatoire vers l'épanouissement. L'argent n'est pas la réponse à la question angoissante de savoir pourquoi nous sommes en vie. Ce n'est pas l'argent qui donne un sens à notre vie. Pourtant, beaucoup de gens sont complètement obsédés par l'idée de gagner plus et ne voient pas que donner et rendre à la communauté ne les y empêche en rien. Les personnes incapables de donner quoi que ce soit voient souvent le monde avec un état d'esprit de pénurie. Elles sont guidées par la peur. Elles n'ont aucune perspective et sont coincées dans un mode de survie même si leurs besoins primaires sont couverts. Nous pouvons donner beaucoup plus : de l'énergie, de l'attention, du temps, du soutien, du matériel, de la nourriture, de l'expertise, du sang ou même de l'amour. La générosité ne se limite pas à signer un chèque ou à retirer de l'argent à un distributeur.

Tout au long de notre vie, nous rencontrerons presque tous quelqu'un qui abusera de notre générosité et nous trompera. C'est compréhensible que cela nous fasse perdre confiance. Se faire avoir n'est jamais agréable et personne ne le mérite. Lorsque cela se produit, nous avons le droit d'être déçus, de nous sentir trahis et contrariés pendant un certain temps. Mais cela ne doit pas mettre fin à notre générosité une bonne fois pour toutes. Nous pouvons choisir de mettre notre générosité au service de quelqu'un d'autre ou d'une cause plus méritante. Il nous semble presque impossible de nous remettre d'un sentiment de trahison et d'abus. Parce que nous nous sentons humiliés, nous considérons alors chaque interaction comme un jeu gagnant-perdant où nous serons toujours perdants. Mais la vie ne fonctionne pas comme cela et il y a très peu de chances de se retrouver perpétuellement dans la position du perdant.

Donner quelque chose n'est pas une perte. Lorsque vous donnez, vous créez, vous ajoutez, vous débloquez des opportunités. Lorsque l'on considère le don sous l'angle de l'abondance, on comprend que ses répercutions vont au-delà de ce que l'on peut voir ou projeter. Plus nous donnons et partageons, plus nous nous enrichissons jusqu'à ce que nous ne puissions plus croire que nous n'avons pas assez. Je n'ai pas trouvé une seule histoire de quelqu'un qui ait gâché sa vie à trop donner, à l'exception peut-être de quelqu'un qui a accordé trop d'attention ou de crédit à ce que les autres pensaient de lui.

Lorsque nous donnons, nous créons des liens. Nous ne pouvons manquer parce que nous donnons. Indéniablement, plus nous donnons, plus nous recevons, car donner, c'est partager et créer des connexions. Donner en retour créera toujours des répercutions, car l'impact de notre geste sera probablement transmis et répété. Ce geste n'a jamais besoin d'être spectaculaire ou gigantesque. Par sa signification même, une connexion ne peut jamais être un jeu fini et perdant. La plupart des liens que nous tissons sont profitables à toutes les personnes concernées. Les liens sont, par définition, enrichissants. Prenons l'exemple de notre cerveau : si nos neurones ne se connectaient pas, ils seraient pratiquement inutiles et notre cerveau ne fonctionnerait pas correctement. Pourquoi en irait-il différemment lorsque nous donnons et établissons des liens dans notre vie ? Plus notre cerveau établit de connexions, plus il est performant, élargissant ainsi ses capacités. Il en va de même pour notre société : plus nous partageons, nous nous connectons et nous donnons les uns aux autres, plus elle est prospère.

Certaines personnes ne donnent rien et profitent seules de ce qu'elles ont. Elles affirment que leurs proches et leur famille hériteront d'elles un jour et qu'elles n'ont donc aucune raison de donner quoi que ce soit avant de mourir. C'est une norme culturelle que d'attendre le décès d'une personne pour hériter de ses biens. En effet, comme une personne ne peut pas emporter tout ce qu'elle possède avec elle après sa mort, ses affaires et son argent sont partagés entre ses parents, ses amis et ses proches. C'est pratique. Je trouve cela aussi regrettable. Ne serait-il pas plus agréable de ne pas hériter de quelqu'un mais de passer du temps ensemble pour profiter de ce que nous avons avant qu'il ne soit trop tard ?

Évidemment, c'est très bien de se faire plaisir de son vivant, de disposer d'un fonds d'urgence et d'une épargne pour faire face aux imprévus de la vie. Mais à côté de cela, pourquoi tout garder pour nous avec tant d'acharnement ? N'est-il pas insensé de s'accrocher avec autant de force à ce que nous avons et à ce que nous sommes ? Comment se fait-il que les hôpitaux manquent de sang et de plaquettes pour sauver des vies parce qu'il n'y a pas assez de gens qui soient des donneurs réguliers ? Il en va de même pour tant de choses. Imaginons un instant que notre norme culturelle soit moins centrée sur le fait d'être et d'avoir plus que les autres mais qu'elle se concentre davantage sur la redistribution ? Quelle différence cela pourrait-il faire ? Quel impact durable cela pourrait-il avoir ? Nous avons tous des super-pouvoirs : nous pouvons nous aider les uns les autres. Lorsque nous faisons un don à des causes auxquelles nous croyons, nous contribuons à façonner une société plus conforme à nos valeurs fondamentales. Si vous attendez d'être mort pour donner, vous ne partagerez jamais la joie et la gratitude que cela provoque. Vous êtes mort. Il est trop tard pour vivre quoi que ce soit.

En parlant de mort, avez-vous déjà assisté à l'enterrement d'une personne qui n'a jamais rien donné, ou repensé à cette personne avec tendresse ? Avez-vous déjà lu une oraison funèbre faisant l'éloge de l'avarice de quelqu'un ? Non. Il n'existe aucun scénario de vie dans lequel quelqu'un passe sa vie sans jamais rien partager ni donner et est célébré de son vivant ou une fois qu'il est mort. Je suis sûr que ces individus n'ont souvent personne à leurs funérailles et qu'elles finissent dans une fosse commune, oubliées en un clin d'œil.

Le choix nous appartient : nous pouvons passer notre vie à en profiter seuls parce que c'est notre droit et que nous croyons que c'est prudent et que cela garantira notre sécurité et notre bonheur. Ou nous pouvons vivre maintenant, en faisant des choix responsables et intentionnels avec la foi que nous pouvons faire face à toutes les épreuves et en ayant conscience que prendre plus de risques et de chances nous permettra de terminer ce voyage sans regret. Nous avons déjà assez. Mais il y a une chose dont nous ne nous lasserons jamais : aider les autres, les rendre heureux, contribuer à leur sécurité. C'est un sentiment singulier qu'il serait dommage de ne jamais ressentir.

Plutôt que de mourir et de laisser un tas de choses et beaucoup d'argent, je préférerais quitter la terre en sachant que mon héritage est un ensemble d'idées, de comportements et de conseils qui ont eu un impact sur de nombreuses personnes, pour le plus grand bien de tous. Je ne voudrais pas que mon éloge funèbre dise « elle était pleine aux as et a surpassé tous les autres », mais qu'il témoigne de ma volonté d'être une force contribuant à la vie de ma communauté.

11

LA GENTILLESSE, LE PARDON ET LES EXCUSES : LA SAINTE TRINITÉ DES ÊTRES DIGNES.

La gentillesse est universelle et gratuite. Elle ne coûte littéralement rien. Elle n'est pas l'apanage d'une seule personne ; tout le monde peut être gentil. La gentillesse transcende les cultures, les langues, les religions et les différents modes de vie à travers le monde. Partout, elle est un pouvoir positif et transformateur. Il en va de même pour le pardon et les excuses.

Pourtant, d'une manière ou d'une autre, certaines personnes ont commencé à associer ces traits de caractère à la faiblesse et à la naïveté. Avec le temps, de plus en plus de gens ont commencé à croire que nous sommes plus susceptibles d'être dupés et exploités lorsque nous sommes gentils. Ou encore que le fait de s'excuser ou de pardonner ouvrirait la voie à d'autres mauvais comportements. En effet, de nombreuses personnes considèrent aujourd'hui qu'être gentil est rasoir, défavorable et un aveu d'impuissance, alors qu'être impoli ou méfiant est associé à la puissance et au fait d'être cool. Quelle erreur !

Certaines personnes choisissent toujours d'agir mal. Quelle que soit leurs circonstances, elles décident se comporter mal et d'opter pour la facilité dans n'importe quelle situation. Ces personnes profitent des autres non pas parce que les autres sont trop gentils ou naïfs, mais plutôt parce que c'est plus facile pour elles. Il faut arrêter de dire aux gens de s'endurcir parce que leur gentillesse serait une faiblesse. Ce n'est tout simplement pas le cas. Certaines des personnes les plus influentes et des dirigeants les plus puissants de l'Histoire étaient également notoires pour leur gentillesse.

Lorsque quelqu'un nous fait du tort, cela dit tout de lui

et rien de nous. Notre gentillesse n'a pas provoqué leurs mauvais comportements et leurs mauvaises attitudes. Mais surtout, le fait de réussir à maltraiter les gens n'est pas une bonne chose et ne donne à personne l'avantage sur les autres. Maltraiter les gens et tromper les autres sera toujours universellement une erreur.

Il faut un ego sain et équilibré pour rester aimable en toutes circonstances. Il faut du cran et beaucoup de courage pour rester gentil face à l'adversité et aux défis d'un monde injuste. Cela montre que nous sommes assez forts pour choisir la décence et pour respecter notre dignité et celle des autres plutôt que notre ego. Cela ne signifie jamais que nous sommes manipulables, faibles ou naïfs. Il est insensé que tant de gens associent la gentillesse, le respect, la bienveillance et le fait d'agir correctement au fait d'être nul. Comment se fait-il que l'on puisse humilier des gens simplement parce qu'ils sont gentils ?!

Combien sont précieuses les personnes qui restent empathiques même après les épreuves et les trahisons ? Lorsque je pense à une référence universelle en matière de gentillesse, c'est l'acteur Keanu Reeves qui me vient à l'esprit. Il est un véritable exemple du pouvoir de la gentillesse. Il est cité et reconnu dans le monde entier pour sa gentillesse et sa bienveillance. Bien qu'il ait traversé un certain nombre d'épreuves (pour ce qui est connu du public) : il a été abandonné par son père, il a perdu un enfant, une compagne et son meilleur ami, sa carrière n'a pas été une ligne droite vers le succès ; il a eu des problèmes de santé pendant le tournage de Matrix. Il aurait pu être submergé par l'amertume, la frustration et la colère, poursuivre sa vie avec rancune et faire souffrir les autres. Or, c'est tout le contraire qui s'est produit. Il reste un symbole universel de décence. Tout le monde a entendu parler de ses gestes de bonté, de sa générosité et de sa résilience. Il nous rappelle que nous traversons tous des épreuves et des défis et que nous sommes liés par nos expériences humaines. Et, bien sûr, il m'a donné la citation parfaite pour ce livre lors d'une de ses interviews au *Late Show* de Stephen Colbert (2019 CBS).

Lorsque Stephen Colbert lui a demandé : «Que pensez-vous qu'il se passe après notre mort?», il a répondu : «Je sais que nous manquerons à ceux qui nous aiment».

Encore une fois, il ne faut pas de courage pour être malveillant. La gentillesse, l'honnêteté et la bienveillance exigent un mental fort. Elles exigent foi, persévérance et pugnacité. Lorsque nous avons la chance de ne plus être en mode survie, le moins que nous puissions faire pour rendre hommage à ceux qui sont encore confrontés à des défis de survie est d'être des personnes décentes, reconnaissantes et gentilles plutôt que d'être des connards. Être gentil ne signifie pas autoriser les abus, et être gentil ne signifie pas être trop gentil. Lorsque quelqu'un est trop gentil, il supprime ses propres besoins et limites. Il s'agit d'un mécanisme d'adaptation qui n'a rien à voir avec la bienveillance.

Les bonnes intentions suivies de bonnes actions ne coûtent rien et leur impact est illimité. Une personne qui bénéficie de la gentillesse éprouve de la gratitude et est plus susceptible d'agir avec gentillesse et d'être gentille elle-même, produisant à son tour un impact positif. Il suffit de multiplier ce chiffre par le nombre de personnes qu'un individu connaît pour se rendre compte que tout commence littéralement avec une seule personne. Pourtant, cela n'a pas de fin et crée un cercle sécurisant et vertueux pour tout le monde. Alors comment cela pourrait-il être nul?!

Si certaines personnes peuvent être mauvaises, de nombreuses personnes qui agissent mal ne naissent pas pour autant malveillantes. Elles ne sont pas condamnées à être nuisibles ou à prendre de mauvaises décisions pour le reste de leur vie. Néanmoins, elles peuvent avoir besoin d'une société accueillante, compréhensive et indulgente pour se reprendre en main. Peut-être avons-nous tous droit à une seconde chance. Beaucoup de gens en abusent, mais cela ne signifie pas, à l'inverse, que tout le monde devrait en être privé.

La gentillesse demande du courage et de la force, tout comme le pardon. Pardonner à quelqu'un ne signifie pas effacer et oublier ce qu'il a fait. C'est renoncer au poids que ses actes ont sur nous. C'est se permettre d'aller de l'avant et de vivre notre vie au moment présent, en regardant vers l'avenir et non le passé. C'est choisir de ne pas être défini par quelque chose qui nous est arrivé et trouver un moyen d'arrêter son impact sur chaque cellule de notre corps. Le pardon n'a pas besoin d'être religieux ; il s'agit simplement d'un acte humain. Lorsque nous ne pardonnons pas à quelqu'un, c'est comme si nous laissions la douleur continuer à vivre en nous pour le reste de notre vie. C'est une double peine. En pardonnant, on n'efface pas ce qui s'est passé ; on décide simplement de l'archiver émotionnellement et de ne plus être défini par cela. C'est reconnaître que l'événement a été préjudiciable et dommageable, mais que nous n'avons plus à nous sentir ainsi. Cela prend du temps et ce n'est jamais facile, c'est aussi pourquoi c'est si remarquable et louable.

Les gens veulent toujours être pardonnés rapidement et sans trop de questions, mais sont souvent réticents à pardonner eux-mêmes. En effet, la culpabilité est un sentiment de malaise et de honte qui ne peut être atténué que par le pardon. Mais pour qu'une personne puisse pardonner, il faut d'abord reconnaître ce qui lui est arrivé. Avant toute chose, une victime doit être reconnue comme telle. En effet, on ne peut pas attendre d'une victime qu'elle guérisse et qu'elle aille de l'avant si l'on ne légitime pas son expérience et si l'on ne fait pas confiance à son ressenti. Cela doit se faire sans jugement ni justification. Nous n'avons pas à évaluer leur expérience et à les contraindre à positiver.

Naturellement, il en va de même pour les excuses. Nous devrions commencer par présenter nos excuses au lieu d'attendre de meilleures circonstances pour le faire. Nous devons reconnaître le mal que nous avons fait et éviter de trop nous expliquer, de peur que cela ne ressemble à une justification ou à une dérobade. Nous devons assumer nos excuses et être sincères. Le fait de présenter des excuses est extrêmement puissant et peut renforcer les relations si cela est fait correctement et sincèrement. Pour être sincères, nos excuses doivent découler d'une véritable reconnaissance de nos mauvais comportements et de la manière dont ils ont été nuisibles et préjudiciables à quelqu'un d'autre, et de la raison pour laquelle ils l'ont été. Elles ne doivent pas être motivées uniquement par notre besoin de nous débarrasser de notre culpabilité et de notre honte. Nous ne nous excusons pas pour effacer ce que nous avons fait, mais plutôt pour reconnaître l'expérience d'une victime et, espérons-le, l'aider à s'en libérer.

De même, lorsque nous décidons de pardonner, nous ne voulons pas dire qu'il ne nous est jamais rien arrivé, que tout allait bien ou que ce n'était pas si grave. Nous voulons dire que, bien que nous ayons été blessés et que nous ayons parfois souffert une douleur insupportable, nous avons décidé de nous en libérer et de poursuivre notre vie. Nous avons choisi d'en faire une partie de notre passé et de notre histoire, sans conséquences pour notre présent ou notre avenir.

Les gens méchants seront oubliés. Ils peuvent faire les gros titres pendant un certain temps, avoir parfois une biographie sur des sites Internet douteux et être dénoncés, mais leur notoriété ne dure jamais. Les seules fois où nous gardons une trace des personnes malveillantes et de leurs actions, c'est pour des raisons de justice, de responsabilité, d'Histoire et pour ne pas oublier leurs victimes. Mais les personnes destructrices ne sont jamais mémorables. Ce qui devient viral et résiste à l'épreuve du temps, ce sont les actes de bienveillance authentiques et fortuits. Des moments d'humanité partagée et de connexion absolue. Ils nous inspirent et nous font du bien. Ils élèvent notre expérience humaine commune.

Ainsi, le moyen le plus rapide de rester dans les mémoires et de faire parler de nous une fois que nous aurons disparu est de faire ce qu'il faut et de ne pas choisir la facilité. Nous créons une société de plus en plus axée sur l'exhibition ; nous disposons de nombreux outils pour transformer nos vies en émissions de télé-réalité. Malheureusement, cela nous amène à nous concentrer davantage sur nous-mêmes et sur notre apparence plutôt que sur notre impact sur les autres. Nous nous sentons moins responsables parce que nos interactions avec les autres sont filtrées par les outils technologiques.

Le jour de notre mort, ce n'est pas nous qui nous souviendrons de nous-mêmes. C'est tout simplement impossible. C'est à travers les autres que notre mémoire perdure. Nous parlons de la bonté, nous la partageons et nous la transmettons à la personne et à la génération suivante. Il y a de l'éternité dans la gentillesse. Non pas parce qu'elle est le secret de la vie éternelle et la clé du paradis, mais parce que la bonté est mémorable.

12

ON NE PROUVE RIEN DU TOUT EN ÉTANT SÉRIEUX TOUT LE TEMPS.

Pendant longtemps, je me suis rendu coupable de penser que seule la version intelligente et réfléchie de moi-même était digne d'intérêt. Digne de soins, d'attention, d'amour et d'un travail décent. La manière dont j'ai été élevée et mon éducation scolaire m'ont fait croire que le temps bien employé était le temps passé à être utile et productif. C'était mon devoir en tant que bon membre de la société. Par conséquent, je craignais que l'humour ne m'apporte que des ennuis et ne me fasse perdre ma crédibilité et ma légitimité une bonne fois pour toutes.

Pourquoi passons-nous tant de temps à essayer de prouver à quel point nous sommes intelligents, pertinents et réfléchis ? Nous demandons-nous parfois à quoi cela sert-il ? Pourquoi croyons-nous que nous perdrons de la valeur si nous nous amusons et profitons de notre temps ? Qui nous a fait croire cela ?

C'est comme si le fait de ne pas être considéré comme brillant était notre plus grande crainte. En effet, la société associe l'intelligence au fait d'être brillant et l'amusement à l'insouciance. Le sérieux est socialement acceptable, tandis que l'amusement est irresponsable. Par conséquent, nous pensons qu'en laissant entrer le plaisir dans notre vie, nous pourrions en quelque sorte arrêter notre progression sociale ; nous pourrions perdre notre emploi et finir pauvres et seuls. En public et lors d'événements sociaux, être drôle a un prix. La société attend de nous que nous gardions notre humour à l'intérieur des portes closes de nos maisons. D'une certaine manière, le fait d'être drôle et d'apprécier les divertissements est dérangeant. Si vous passez du temps à vous amuser, la société vous considère comme quelqu'un d'insouciant et d'irresponsable. Et quelqu'un d'aussi négligent ne peut pas réussir. Seules les personnes intelligentes méritent d'être qualifiées de performantes. Mais là encore, personne ne peut s'accorder sur une définition universelle et absolue de l'intelligence. Pourtant, tout le monde est prêt à juger tout un chacun et à déclarer qu'on ne peut pas être à la fois réfléchi et amusant. Pourquoi cela ne serait-il pas possible ? L'amusement est subversif, et pourtant il n'a jamais tué personne.

Mes années d'école ont été rythmées par les professeurs qui me punissaient et me disaient que je n'arriverais jamais à rien si je continuais à faire le clown. Je faisais parfois des bêtises, mais j'avais de bonnes notes et j'étais même parfois première de la classe. À la maison, ce n'était pas vraiment différent, je fatiguais tout le monde. Je me trouvais divertissante, ils étaient fatigués de moi. Presque tout le monde m'a dit à un moment donné qu'avec mes capacités et mon intelligence, je pourrais faire des merveilles SEULEMENT SI je m'apprivoisais et si j'arrêtais de faire l'imbécile. Avec le temps, j'ai cédé. Il était plus facile de se contenter d'être intelligente, de plaire aux gens et de ne pas faire de vagues plutôt que d'être moi-même, une enfant téméraire et amusante, et d'affronter l'insatisfaction des gens. La société nous disait, à moi et à beaucoup d'autres, que nous ne pouvions pas être à la fois brillants et amusants. Il valait mieux se concentrer sur l'intelligence, car nous ne gagnerions pas notre vie en étant drôles. Seuls les humoristes professionnels accomplis étaient autorisés à s'amuser en public sans risquer de perdre toute leur crédibilité. Et si vous posez la question à l'un d'entre eux, il vous dira à quel point le chemin a été semé d'embûches.

Au début de ma deuxième année de master, nous devions choisir un pays que nous représenterions lors d'un exercice de modélisation des Nations Unies. Il s'agissait de l'examen final de notre cours de négociations stratégiques. Je voulais représenter les États-Unis, mais je n'étais pas la seule étudiante à m'être mis en tête de le faire. Notre professeur nous a donc proposer un défi pour déterminer qui gagnerait la représentation des États-Unis. L'autre étudiant a dû se présenter devant la classe pour nous convaincre qu'il n'avait pas volé une clé USB et qu'il n'était pas un menteur. Je devais les faire pleurer. Il est passé en premier. Lorsque mon tour est arrivé, je me suis levée, j'ai marché jusqu'au centre de la salle devant les tables disposées en forme de «U» et j'ai tout de suite dit à mes camarades que je ne pourrais jamais les faire pleurer parce que je suis une personne enthousiaste qui voit toujours le bon côté des choses. Même dans les pires moments, je cherche quelque chose de positif. Il me serait donc tout simplement impossible de les faire pleurer. Mais j'étais sûre de pouvoir les faire rire si fort qu'ils finiraient par pleurer d'avoir trop ri. La parole était à moi. Je leur ai raconté trois anecdotes qui m'étaient arrivées au fil des ans. Au moment où j'écris ces lignes, je ne me souviens que de l'une d'entre elles : juste après avoir été diplômée de mon école de communication, j'ai postulé à un emploi pour le consulat des États-Unis à Lyon, en France. La première étape de la procédure de recrutement consistait en une évaluation linguistique destinée à déterminer mon niveau en français et en anglais. J'ai été convoquée au consulat pour passer ces tests. Je suis toujours en avance aux rendez-vous. C'est un standard. Cela me donne le temps de me concentrer et de me préparer mentalement. J'attends toujours dans une rue voisine. Alors que j'étais assise sur un morceau de béton sur le trottoir, une prostituée s'est approchée de moi et m'a demandé avec colère : «Est-ce que tu travailles ici ? C'est ma place, ne me la vole pas !» J'étais sur le point d'entrer au consulat des États-Unis et on me prenait pour une prostituée. Les gens riaient tellement de mes histoires qu'ils se sont mis à pleurer. C'était un succès : je faisais pleurer les gens ! Et c'est comme ça que je suis devenue la représentante officielle des États-Unis pour notre simulation.

La même année, nous devions faire un stage pour obtenir notre diplôme. J'ai eu un rendez-vous dans une agence de communication et de relations publiques. J'ai été accueillie et interviewée par sa directrice et l'une des consultantes. À la fin de l'entretien, la directrice m'a parlé d'un ancien stagiaire dont les parents avaient essayé de poursuivre l'agence en justice. Ma réaction spontanée a été la suivante : « Ne vous inquiétez pas pour les miens, ils ne m'aiment pas assez pour faire ça ». Ce qui l'a fait éclater de rire. Elle a apprécié mon sens de l'humour, ce qui a fait la différence et m'a permis d'obtenir le stage.

Des mois plus tard, j'ai commencé à chercher mon premier vrai emploi. J'ai mis à jour mon CV et écrit des centaines de lettres de motivation. Je passais des heures à consulter les offres d'emploi, puis à rédiger ma candidature et à classer le tout dans un dossier pour faire le suivi de mes candidatures. Tous ceux qui ont cherché un emploi savent ce que c'est que de faire des centaines de candidatures : c'est épuisant sur le plan émotionnel. C'est une répétition de la mise à jour de mots-clés dans un CV et une tentative de paraître motivé dans une lettre de motivation qui a été rédigée à plusieurs reprises pendant de nombreux mois. Vous devez faire preuve de leadership et de confiance alors que vous êtes, en fait, en train de flirter avec la folie pour avoir écrit tant de versions différentes de cette candidature. Au bout de plusieurs mois, je n'en pouvais plus. Je ne pouvais que donner l'impression de m'ennuyer et d'être épuisée. J'avais besoin d'une avancée et je n'avais rien à perdre à être moins formelle. Si je voulais que ma prochaine candidature soit la dernière, je devais faire la différence, sinon je deviendrais folle. J'ai rédigé la lettre de motivation avec soin, mais je l'ai terminée par quelque chose d'inattendu. J'ai conclu ma lettre par une blague utilisant le slogan de l'entreprise. Cette fois encore, cela m'a permis d'obtenir le poste. Ces trois anecdotes me rappellent sans cesse qu'il y a toujours un moyen, et que parfois, le seul moyen est de choisir d'en rire.

Des années plus tard, j'ai fini par accepter que le plaisir soit un élément essentiel de la vie. Tout ne doit pas être utile et pertinent en permanence. Il n'y a rien de mal à avoir des moments de divertissement et d'amusement. C'est ce qui donne à la vie sa saveur et à l'être humain sa signature particulière. Lorsque nous nous accordons le temps d'être authentiques, et que nous prenons une pause dans la représentation sociale, nous nous donnons une chance de laisser notre marque unique et singulière. Il n'y a que peu de choses qui peuvent irrémédiablement nuire à notre vie, et le fait d'être amusant n'en fait pas partie. Il est curieux de constater à quel point nous nous mettons la pression pour être perçus comme des personnes sérieuses. Nous avons perdu de vue le fait qu'il y a quelque chose de puissant dans le fait de savoir se détendre. Nous n'avons qu'une vie sur terre ; nous ne devons à personne de ne pas en profiter.

Nous craignons tellement de mériter la damnation éternelle si nous nous amusons trop que nous oublions complètement que la vie n'est pas faite pour être sérieuse. À sa naissance, l'être humain ne reçoit pas un mode d'emploi de la vie dans lequel des « consignes de sécurité importantes » stipulent explicitement : « Attention ! Il est strictement interdit de s'amuser ou d'être drôle. »

La seule raison pour laquelle nous faisons tant d'efforts pour être toujours réfléchis est qu'on nous a appris que c'est le seul moyen d'obtenir une entrée gratuite pour le paradis. Pourtant, nous pouvons nous amuser dans cette vie et mériter le paradis ! Le plaisir et l'amusement sont inestimables. Les gens se trompent s'ils croient que quelqu'un qui s'amuse est quelqu'un qui ne prend pas la vie au sérieux. Nous pouvons nous amuser, nous divertir ET prendre la vie au sérieux. Ces deux aspects ne sont pas exclusifs. Lorsque nous passons du temps à nous amuser, nous n'admettons pas notre irrévérence envers l'univers ni que nous méritons d'être punis parce que nous ne prenons pas la vie suffisamment au sérieux. Si nous faisons une blague, nous n'impliquons pas que la vie et son créateur — quel qu'il soit — soient également une blague. C'est un aspect de l'enfance que nous devrions conserver et entretenir : savoir être décontracté et profiter de la vie. Personne ne recevra de médaille ou de titre de champion pour

avoir traversé la vie en étant stressé. Être sans stress ne signifie pas, et ne signifiera jamais, que nous soyons négligents.
L'humour est peut-être notre dernière tentative pour (ré)in-
troduire la félicité dans notre vie d'adulte. En effet, le bonheur pur est le privilège et le luxe de l'enfance. Lorsque nous
sommes enfants, nous ne réalisons pas à quel point il est précieux de pouvoir vivre et expérimenter sans rechercher ou
avoir une compréhension plus profonde de notre expérience.
Nous avons le luxe d'être tout simplement. En grandissant,
nous perdons ce sentiment de bonheur. Nous devons d'abord
tout analyser. Nous nous perdons dans tant d'heures à penser de manière excessive. Et pourtant, nous avons envie de
cette spontanéité perdue et nous ferions n'importe quoi pour
retrouver ce sentiment de bonheur irrationnel. Nous restons
bloqués à faire notre numéro et perdons de vue que ce n'est
que dans l'instant présent que nous sommes vraiment incarnés
et vivants. Nous passons des heures et des heures à rechercher
ce sentiment libérateur, espérant obtenir un unique moment de
libération de toutes nos responsabilités. Un adolescent ferait
n'importe quoi pour obtenir une émancipation précoce, avant
de se rendre compte, à l'âge adulte, que ce sont les enfants
qui sont véritablement émancipés. En effet, ils ne sont pas liés
par des responsabilités. Aucun adulte ne peut faire partie de
la société et appartenir à une communauté tout en étant pleinement émancipé. Nous devrons toujours suivre des règles
et être responsables. C'est donc peut-être notre prérogative
d'avoir la capacité de profiter de notre vie, de nous amuser
ou de rechercher l'amusement, car c'est notre seule façon de
garantir une partie de notre vie comme une expérience de vie
absolue, libérée de nos devoirs et de la lourdeur d'être en vie
sans savoir pourquoi.

Les moments drôles, les anecdotes et les rires hystériques
sont ce dont les gens se souviennent lorsqu'ils passent du
temps ensemble, que ce soit de leur vivant ou pour commémorer une personne disparue. Un éloge funèbre couvre les
plus grandes réalisations d'une personne, mais ne mentionne
jamais à quel point elle était intelligente. Ce dont les gens

peuvent parler pendant des heures, ce sont les bons moments qu'ils ont partagés avec le défunt et les choses uniques de lui qui ont laissé un souvenir indélébile.

Certains de mes souvenirs les plus précieux sont des rires intenses et ininterrompus avec des personnes que j'aime et que je chéris. Les moments que nous avons passés ensemble sans nous soucier de ce que les autres pensaient de nous. L'inquiétude ne fait pas de bien à notre esprit et à notre corps, mais il est prouvé que le rire fait des merveilles. Personne n'aime s'entourer de personnes uniquement sérieuses. Comme ce serait ennuyeux ! N'est-ce pas ?

Les gens se souviennent de ce qu'ils ressentent en présence d'autres personnes. Les émotions intenses sont celles dont ils se souviennent le mieux. Le sérieux n'inspire pas autant et nous laisse souvent un sentiment d'ennui, qui est toujours oubliable. Nous ne vivrons pas éternellement, mais tous les moments que nous consacrons à profiter de la vie sont des moments de bonheur. Ils ont quelque chose de magique. Ils sont suspendus. Ils défient le temps. Ils sont donc éternels.

13

NOUS AVONS UN CORPS POUR BOUGER, ET POURQUOI NOUS DEVRIONS EN PRENDRE SOIN.

Nous n'avons qu'un seul corps. Il est notre vaisseau pour aller de la naissance à la mort. C'est notre incarnation qui nous rend vivants sur terre. Pourtant, tout au long de ce voyage, nous passons le plus clair de notre temps à le maltraiter. Prendre soin de notre corps n'est pas une compétence innée. Nous sommes pris en charge jusqu'à ce que les personnes responsables de nous, nous aient appris à le faire nous-mêmes. Et la plupart du temps, ce n'est pas l'objectif principal de leur éducation. Prendre soin de soi est souvent considéré comme une vanité. Mais notre corps devrait être traité comme un temple sacré. Il est notre premier lieu de sécurité et n'appartient à personne d'autre que nous. Personne ne devrait y avoir accès sans notre consentement.

J'ai été élevée dans une famille catholique où tout ce qui avait trait à la chair était jugé vain et moins important que l'âme. Par conséquent, il n'y avait que peu ou pas de place pour discuter des sentiments, des sensations et du système remarquable qu'est le corps ! Le corps est incroyable et peut souvent faire plus que ce que ce que nous le croyons capable de faire. La science ne cesse d'en découvrir davantage à son sujet. Il est de notre responsabilité de nous assurer que nous en prenons soin correctement. Nous ne voyagerions jamais dans un véhicule qui n'a pas passé son contrôle technique, car ce serait dangereux. Pourquoi en serait-il autrement pour notre corps ? Pourtant notre culture et notre société sont imprégnées de la pensée religieuse, qui nous enseigne que seule la vie après la mort compte, et que seul notre esprit prévaudra. Le corps a toujours été lié au plaisir, et le plaisir est considéré comme un péché. Mais même s'il y a une vie après la mort, pourquoi serait-il si mauvais de prendre soin de notre corps autant que nous prenons soin de notre âme dans cette vie? Pourquoi ne pourrions-nous pas prendre soin et profiter des deux, trouver du plaisir tout en étant humbles et en respectant la vie? Ce n'est pas contradictoire. Nous pouvons prendre soin de notre corps tout en développant notre caractère. D'ailleurs, si nous ne prenons pas soin de notre corps, notre esprit ne durera pas longtemps car il a besoin de notre corps et vice versa. Nous ne pouvons tout simplement pas nous incarner sans corps.

Notre société est devenue absolument paresseuse. Nous sommes moins actifs, nous bougeons moins et nous rencontrons moins souvent d'autres personnes. Nous passons le plus clair de notre temps confortablement installés dans nos canapés, les yeux rivés sur un écran ou deux. Nous pouvons nous faire livrer presque n'importe quoi. Mais vous souvenez-vous des confinements et des couvre-feux imposés dans le monde entier à cause de la pandémie? Notre liberté de mouvement nous a été retirée et, soudain, nous n'avons plus rien voulu d'autre que de bouger librement. C'est parce que le mouvement, c'est la vie. Les seules choses inanimées sont précisément des choses — des poids morts. Ce qui est en mouvement est vivant. Il en va de même pour notre esprit. S'il ne change pas, n'évolue pas, ne grandit pas et, d'une certaine manière, ne bouge pas, c'est que nous sommes en état de mort cérébrale. Parfois, continuer à bouger et à aller de l'avant semble être l'effort ultime. Mais aucune mauvaise humeur ou pensée pessimiste n'a jamais persisté après une promenade ou un déplacement. C'est presque magique de voir comment le fait de se mettre en mouvement peut changer notre état d'esprit et nous remonter le moral. Il est tout aussi essentiel d'apprendre à rester tranquille que de comprendre que notre corps et notre esprit ont besoin de mouvement.

Bouger, c'est avancer et aller plus loin. Sans mouvement, il n'y a pas de découverte. Nous restons là où nous sommes, nous restons ce que nous sommes et nous ne connaîtrons jamais ce que nous pourrions être. Lorsque nous évitons le mouvement, nous restons figés. Être figé est le contraire d'être tranquille. La tranquillité est un moyen de se recentrer et de se maintenir dans le moment présent plutôt que de laisser notre corps à un endroit et notre esprit vagabonder ailleurs. Être figé, c'est croire que nos traits de caractère et notre personnalité ne peuvent pas changer ou évoluer. C'est le contraire du développement. C'est nous condamner à être une version dépassée de nous-mêmes pour toujours. Même une pierre est modifiée par son environnement et le passage du temps, alors à quel point les personnes qui refusent de changer et d'évoluer sont-elles insensées ?!

Pendant très longtemps, j'ai négligé mon corps. On m'a appris que ce qui comptait vraiment, c'était mon cerveau et mon intelligence. J'ai donc cherché à prouver au monde entier que je n'étais pas stupide, jusqu'à ce que la vie me prouve que ce n'était pas ma meilleure idée. Mon corps était un outil de travail. Je n'en prenais soin que lorsqu'il était utile. Je n'ai jamais pris soin de moi et je me suis contentée d'un minimum. J'utilisais mon corps. Il devait être prêt et se plier à tout ce que je voulais faire. Aucune remise en question. Je n'ai jamais ressenti de douleur ou de fatigue parce que j'avais réussi à déconnecter complètement mon esprit. Mes sens fonctionnaient très bien tant que je les utilisais pour accomplir quelque chose. J'étais fière d'être perçue comme forte, inébranlable, toujours prête, déterminée et implacable. C'était ma devise préférée : si mon corps est capable de faire quelque chose, je dois le faire. Il en allait de même pour mon esprit. Je me poussais constamment dans mes derniers retranchements. Je flirtais avec l'épuisement ; j'étais insatiable dans ma quête de possibilités illimitées. Les gens me regardaient avec envie parce que je pouvais faire tellement de choses. En même temps, je cherchais désespérément un moyen de m'arrêter. On ne se sent jamais bien quand on est épuisé. Jamais. Et aucune règle au monde ne nous oblige à être performants en permanence et à passer notre vie à ne faire que des choses utiles.

Il m'a fallu quelques années de thérapie pour déconstruire cette croyance limitante et me défaire de mon besoin d'être productive. J'ai finalement admis que ma valeur ne dépendait pas de ma productivité. J'ai toujours la même valeur même lorsque je fais une pause. Cela m'a permis de prendre le temps de me reposer, de me régénérer et de choisir des habitudes différentes et plus saines. J'ai garanti à mon esprit un espace sûr pour se développer et s'épanouir. En d'autres termes, j'ai trouvé un équilibre. Cela ne veut pas dire que je ne peux pas me dépasser de temps en temps. Je serai toujours attirée par l'idée de dépasser les limites et par la façon dont cela peut élargir nos perspectives. Mais j'ai compris que ce n'était possible que si j'étais en bonne santé. La relation que nous entretenons avec notre corps sera toujours la plus intime et la plus unique que nous ayons. Personne ne connaîtra jamais notre corps aussi pleinement que nous. Personne ne sera jamais dans notre peau — et fait amusant : nous ne pourrons jamais nous voir nous-mêmes, seulement notre reflet. Pour tout cela, il devrait être fondamental de nourrir ce lien singulier, afin que nous ne soyons pas ébranlés par des opinions et des influences extérieures et aléatoires. Toutes nos cellules font partie de nous. Ce n'est pas une vanité que d'en prendre soin.

Je vivais également selon le dicton « Nous dormirons quand nous serons morts », jusqu'à ce que je me rende compte à quel point je réfléchissais et fonctionnais mal lorsque je manquais de sommeil. Ce dicton est toujours populaire chez les jeunes. Pourtant, je crois sincèrement qu'il serait plus significatif de dire : « Sachez de combien de repos vous avez besoin pour vivre pleinement votre vie ». On ne peut pas fonctionner en étant épuisé. La privation de sommeil est une véritable torture et a été utilisée comme telle tout au long de l'Histoire. Nous nous l'imposons volontairement comme un signe d'accomplissement et d'optimisation de notre vie. Ce n'est pas le cas. Il est insensé de penser que nous pouvons continuer ainsi. Si les êtres humains n'avaient pas besoin de sommeil, le sommeil n'existerait tout simplement pas. Lorsque nous continuons alors que nous sommes épuisés, nous ne fonctionnons pas ; nous devenons dysfonctionnels.

Même si notre temps est limité, nous devrions prendre le temps de nous reposer chaque fois que nous en ressentons le besoin. Cela vaut pour tout dans la vie. La fatigue nous met de mauvaise humeur, nous pousse à prendre de mauvaises décisions et peut nous faire perdre la foi, l'esprit et la motivation. Une personne épuisée n'est jamais et ne sera jamais quelqu'un d'amusant et d'agréable à côtoyer. Nous essayons de rester éveillés par tous les moyens alors qu'en réalité, une bonne sieste ou quelques minutes de repos suffisent à nous remettre sur les rails. Lorsque nous décidons de nous reposer, c'est bon pour nous et pour tous ceux avec qui nous interagissons et sommes en contact. Personne ne pensera que nous sommes paresseux ou pas assez engagés. Le repos est un besoin biologique. Il est inadéquat de penser qu'une vie bien vécue est une vie où l'on ne dort jamais ou où l'on ne se repose jamais, simplement parce que la FOMO non gérée nous fait croire que nous devons être EN ACTIVITÉ 24 heures sur 24 et 7 jours sur 7. Il est tout à fait normal de se sentir parfois dépassé et d'avoir l'impression de ne pas pouvoir continuer. L'épuisement est l'une des principales sources de mauvaises décisions, de spleen et d'humeur dépressive. Il est fondamental de savoir quand et comment se reposer — que ce soit en faisant une pause, en fermant les yeux pendant une minute ou en méditant. C'est la différence entre abandonner et créer les conditions nécessaires pour repartir, avancer et aller plus loin.

Notre corps ne nous survivra pas une fois que nous serons morts. Alors pourquoi est-il si important d'en prendre soin et de lui accorder toute notre attention ? Parce que nous sommes vivants maintenant. Il serait absurde d'attendre notre mort pour commencer à penser à notre incarnation. Si les corps n'étaient pas cruciaux pour nos âmes, nous n'en aurions pas ou nous en aurions une version plus basique. Nous ne profiterons pas de nos corps lorsqu'ils commenceront à se décomposer. Si nous les avons dans cette vie et qu'ils nous permettent de ressentir tant d'émotions et de sensations différentes, c'est pour une raison légitime. Ce n'est pas un péché de vouloir explorer et découvrir tout ce qu'ils ont à offrir.

Personne ne nous reprochera à nos funérailles d'avoir dormi quand nous en avions besoin ou d'avoir éprouvé de la joie et du plaisir. Moins nous manquons de sommeil, plus nous vivons avec intention et accumulons les expériences mémorables. Ce dont les gens se souviendront et qu'ils partageront, ce sont tous les bons moments qu'ils ont passés avec nous. Personne ne reprochera jamais à un défunt d'avoir pris soin de lui de son vivant. Dans l'histoire des éloges funèbres, cela n'est jamais arrivé. Jamais.

Il n'y a ni vanité ni arrogance à prendre soin de soi, qu'il s'agisse de son corps ou de son âme. Savoir quand se reposer et quoi faire pour se détendre garantit que nous sommes suffisamment en bonne santé pour vivre plus longtemps et profiter au maximum du temps qui nous est imparti. C'est aussi la seule façon d'avoir la capacité de faire plus pour les autres et nos communautés. Il n'est pas égoïste de s'assurer que notre esprit et notre corps sont suffisamment sains pour que nous soyons pleinement capables. Les dysfonctionnements sont préjudiciables non seulement pour nous, mais aussi pour les autres. Par conséquent, nous ne devrions jamais nous sentir coupables du temps que nous consacrons à prendre soin de nous-mêmes. En fait, nous devrions nous aimer totalement et intensément, car cette vie incarnée est vraiment le moment de le faire. Le moment est venu.

14

NOUS NE SOMMES PAS DES DIEUX, ET C'EST GRISANT.

En grandissant, nous subirons de nombreuses pertes qui changeront le cours de notre vie, nos perspectives, et nous aideront à grandir, à devenir plus matures et à devenir plus sages. Nous n'avons aucun contrôle sur ces pertes ; elles nous arrivent. Bien qu'elles puissent être difficiles, elles sont nécessaires. Personne ne peut traverser la vie sans passer par elles. Elles sont inévitables. La plupart du temps, il faut une rupture pour obtenir une avancée. Elles sont là pour nous apprendre comment et quand lâcher prise, renoncer et s'abandonner à ce sur quoi nous n'avons aucun contrôle. C'est d'ailleurs ainsi que se déroule la majeure partie d'une vie. La seule façon d'être sûr que notre vie prendra la direction qu'elle doit prendre. Et c'est le principe fondateur de notre nature humaine.

Pendant la majeure partie de la mienne, j'ai supposé que je n'étais pas capable de renoncer à quoi que ce soit et que je ne tolérais aucune perte. J'ai toujours eu une peur bleue de l'inconnu. Je suis une maniaque du contrôle et je m'accroche à tout. Je suis une femme d'action ; ma volonté me précède. Je peux tenir jusqu'à l'épuisement. Je ne lâcherai pas tant que je n'aurai pas suivi tous les chemins de pensée d'un sujet et senti que j'ai fait tout ce que je pouvais humainement faire. J'ai toujours du mal à oublier le « ce qui aurait pu être ».

Mais la vie et la thérapie sont arrivées, et un jour, alors que je marchais et errais, je me suis rapidement perdue dans mes rêveries : Qu'en est-il de la mort des personnes que j'aime ? Qu'en est-il de la famille et des amis dont je me suis séparée parce que je ne me sentais plus liée à eux ? Qu'en est-il des amants que j'ai quittés ? Qu'en est-il des amants qui m'ont laissée seule avec ma peine d'une relation que nous avions autrefois ? Qu'en est-il des emplois que je n'aurai jamais et de tous les choix de carrière que je n'ai jamais faits ? Qu'en est-il des objectifs que je n'ai pas atteints ? Qu'en est-il des réponses que je n'ai jamais données et de celles que je n'ai jamais reçues ? Qu'en est-il de tous les endroits où je voulais vivre et où je ne me suis jamais installée ? Qu'en est-il de la personne que j'aurais pu devenir et que je ne serai jamais ?

Je renonce à beaucoup de choses. J'ai déjà subi de nombreuses pertes. Nous le faisons tous. Nos vies sont le produit de nos renoncements. Une partie de nous meurt chaque fois que nous renonçons à quelque chose, mais c'est essentiel pour vivre vraiment. En tant qu'êtres humains, nous redoutons de prendre des décisions parce que lorsque nous choisissons quelque chose, nous savons que nous excluons quelque chose d'autre. Chaque fois que nous le faisons, nous fermons une porte et un chemin de vie meurt instantanément. Mais c'est le seul moyen de se débarrasser de toutes les couches qui recouvrent notre essence. Chaque fois que nous tuons ce que nous pourrions être, nous devenons davantage ce que nous sommes censés être. Pour pouvoir enfin lâcher prise, il faut passer par la mort ultime et la plus atroce de toutes : accepter que nous ne sommes pas et ne serons jamais omnipotents. Même si nous cherchons à contrôler tous les aspects de notre vie, nous ne sommes pas tout-puissants. Nous ne pouvons pas tout garder, être et faire — ce n'est tout simplement pas possible et ce n'est pas humain.

« N'abandonne jamais » est devenue l'une des devises les plus populaires de la décennie, en particulier pour les coachs en motivation et les gourous du développement personnel. Elle nous fait croire que tout est possible. Si nous sommes déterminés et prêts à travailler, nous pouvons tout accomplir. Elle nous convainc que si nous voulons quelque chose, il suffit de se battre jusqu'à ce que nous l'obtenions. Ce n'est qu'une question de courage et de volonté. Nous pourrions être illimités. De cette manière, si nous pouvons tout faire et que nous ne le faisons pas, nous devons porter la responsabilité de ce que nous n'accomplissons pas et, par conséquent, nous nous sentons toujours coupables. Tout ce que nous ne faisons pas devient la preuve de notre paresse, du fait que nous ne sommes pas assez bons ou que nous ne le voulons pas assez fort. Mais personne ne peut se sentir en paix et satisfait avec un tel état d'esprit.

L'omnipotence est une belle perspective, c'est certain. Et c'est un bon moyen de remettre en question notre motivation et notre volonté d'accomplir quelque chose. Encore une fois, nous pouvons souvent faire plus que ce que nous croyons. Mais nous ne pouvons pas tout contrôler et, en tant qu'êtres humains, nous ne sommes pas illimités. Honnêtement, croire que nous sommes omnipotents est notre croyance limitante la plus importante. Lorsque nous renonçons à notre soi-disant toute-puissance, nous abandonnons le fantasme selon lequel nous pourrions tout choisir, être tout, tout faire, tout avoir, et ainsi nous libérer des contraintes du temps, de la biologie et de la physique. Nous ne pouvons pas nous sentir comblés si nous pouvons toujours faire plus et être plus. Cela devient une quête sans fin, comme tomber dans un puits sans fond.

Il y a quelque chose de séduisant dans le fait d'être semblable à Dieu ; nous nous approchons de l'immortalité. Mais cette vie ne doit pas être vécue sur le mont Olympe. Et le(s) Dieu(x) doit(vent) vivre une vie terrible : l'échec n'est pas une option. Il est salutaire de créer un espace pour être pleinement humain, pour accepter les imperfections, les erreurs, les frustrations, les traumatismes, les doutes et les désillusions. Ces choses ne sont pas des punitions pour avoir échoué dans notre jeu de toute-puissance ; ce sont simplement des événements qui jalonnent notre parcours. Des événements qui nous réorientent lorsque nous nous éloignons trop de ce que nous sommes censés devenir et de l'endroit où nous sommes censés aller. Des événements qui font simplement partie de notre scénario, même si nous ne les avons pas demandés. Et il est réconfortant de constater que nous passons tous par-là, qu'ils ne sont pas spécifiques à un seul être humain sur terre. Lorsque nous renonçons à notre toute-puissance, et donc à toute pression pour faire et être plus, nous créons un espace pour la joie, la félicité, l'amour, l'excitation et l'épanouissement. En d'autres termes, nous créons de l'espace pour vivre. Enterrer notre omnipotence est à la fois stressant et excitant, comme pour tout autre acte de foi. Nous devons reconnaître nos renoncements antérieurs et apprendre à accepter l'idée que nous devrons en affronter de nombreux autres tout au long de notre vie. Étonnamment, cela rend notre vulnérabilité moins effrayante. Le fait de ne pas être omnipotent procure une certaine excitation. Nous pouvons enfin nous détendre et nous faire confiance pour prendre les bonnes décisions sans avoir à nous justifier. Nous n'avons plus besoin de nous surpasser. Nous pouvons simplement être.

Même si nous voulons quelque chose, il arrive que cette chose ne soit pas censée faire partie de notre vie, quelles que soient nos capacités. En renonçant à l'idée que nous pourrions être des dieux humains, nous pouvons trouver un équilibre et accepter nos limites plutôt que de les considérer comme des inconvénients. Il y a en effet de la béatitude dans le fait de lâcher prise. La plupart du temps, nous pouvons réaliser plus que ce que nous pensons être possible, mais nous n'avons pas besoin de nous bloquer en essayant de forcer des résultats. Nous comprenons que le fait de ne pas être ou de ne pas faire quelque chose n'est pas synonyme d'échec ou de manque de détermination et d'engagement, mais fait simplement partie de notre nature humaine.

Nous ne serons jamais toutes les versions de nous-mêmes que nous pouvons imaginer, et l'existence humaine n'a jamais consisté à incarner toutes les possibilités et options qui nous sont offertes. Pour vivre une vie épanouie, il n'est pas nécessaire d'être omnipotent et de tout faire. Nous avons surtout besoin de découvrir ce qui nous distingue des autres, ce qui nous anime et ce qui constitue notre essence unique. Quel est le trait de caractère qui fait que nous sommes nous. Puis prendre la décision d'incarner cette version, en faisant tout notre possible pour la vivre pleinement tout en restant décent et digne. Nous n'avons pas besoin de toute-puissance pour créer et construire un héritage digne d'être mémorable. On ne se souvient pas des humains parce qu'ils étaient semblables à Dieu, mais précisément en raison de leur humanité.

CONCLUSION

Et si nous savions quand nous allons mourir ? Et si on nous donnait la date ? En quoi cela changerait-il notre façon de vivre ? Qu'est-ce qui serait différent dans notre vie ? Comment passerions-nous le temps qu'il nous reste et avec qui ? Que changerions-nous à propos de nous-mêmes ?

Nous commençons tous à mourir le jour de notre naissance. C'est ma mère qui me l'a dit pour la première fois. Vous souvenez-vous quand vous étiez enfant et que vous demandiez à votre mère de vous raconter votre naissance ? Pour moi, cela s'est passé comme ça : J'étais au début de mon adolescence, assise à la table à manger avec elle et ma sœur aînée. Nous lui avons demandé de nous raconter l'histoire de nos naissances. Elle s'est souvenue que la culpabilité et l'anxiété l'ont envahie lorsqu'elle a établi le premier contact visuel avec sa fille aînée, car elle comprenait qu'elle n'avait pas donné la vie ; elle venait de donner la mort. Cette petite fille était en bonne santé et vivante, mais un jour elle mourrait. Je me souviens qu'à l'époque, je ne savais pas quoi penser, à part « Quel moment intense pour une jeune maman. » Aujourd'hui adulte, je mesure à quel point elle avait raison, même dans toute sa morbidité. Si vous n'êtes pas né, vous ne pouvez pas mourir, mais dès que vous commencez à respirer, vous commencez à mourir. En fait, si vous ne mourez pas, vous n'aurez pas vécu et si vous ne vivez pas votre vie de votre vivant, vous mourrez de toute façon.

Tant que nous n'aurons pas accepté que la mort fait partie de la vie et que nous devrons passer par de nombreuses petites morts et autant de deuils, nous ne pourrons pas vivre une vie libre et authentique. Ces petites morts sont des pertes, mais elles peuvent aussi être des portes vers de nouvelles directions et de nouvelles opportunités.

On nous enseigne que la mort est définitive, que c'est la fin. Notre dernier souffle est la conclusion. Par conséquent, nous vivons en la craignant, et en craignant qu'elle n'arrive trop tôt et au moment où nous nous y attendons le moins. Cette peur nous empêche de vivre avec passion, intensité et authenticité. Nous pensons qu'il s'agit d'une répétition alors que nous sommes déjà sur scène. Nous ne pouvons pas vivre dans la peur. Si nous le faisons, nous ne faisons que survivre — une vie passée en pilotage automatique. Si seulement nous changions de perspective ! Si nous n'avions pas si peur de la mort et de la vie telle que nous la connaissons, il nous serait plus facile d'assumer nos décisions et de vivre sans regrets. Se focaliser sur l'étape ultime, c'est oublier que nous sommes en vie chaque jour et que nous avons en permanence de nouvelles opportunités et de nouveaux départs. Nous pouvons toujours changer d'avis. Nous commençons peut-être à mourir le jour de notre naissance, mais nous renaissons à chaque fois que nous nous réveillons — et à chaque fois, que nous prenons une décision. Ça craint de savoir que tout cela se terminera un jour. La plupart d'entre nous rêvent d'être immortels. C'est rassurant. Mais comme nous ne sommes pas tout-puissants, nous ne pouvons pas être immortels. Et ce n'est pas grave. Et si nous avions une vision erronée de la vie et de la mort ? Peut-être que l'éternité ne signifie pas une vie sans fin — peut-être que nous la trouvons quand nous échappons à la pression du temps, que nous l'abolissons en tant que concept et que nous l'oublions parce que nous sommes trop occupés à vivre le moment présent et à célébrer les gens avec qui nous passons du temps, qui nous sommes et ce que nous faisons. Peut-être n'avons-nous pas besoin d'être omnipotents et immortels pour être heureux et trouver un but à notre existence.

C'est notre liberté de décider comment nous vivons notre

vie et de définir ce que signifie perdre son temps. Je ne prétends pas être la meilleure à vivre ma vie de manière optimale. Je ne crois pas non plus que nous devrions tous vivre comme des moines, toujours calmes et réfléchis. Néanmoins, la vie se résume aux décisions que nous prenons. Nous avons la chance d'être en vie, surtout lorsque nous avons le luxe d'être en bonne santé, d'avoir de la nourriture, un toit et la liberté de nous exprimer et de prendre nos propres décisions, ce qui n'est pas donné à tout le monde. C'est fou comme nous tolérons et permettons constamment à tant de forces ou d'événements extérieurs perturbateurs d'entrer dans notre vie, sans rien faire pour y remédier.

Vers quoi nous précipitons-nous ? LA MORT. La vie est si courte, même si nous avons la chance d'atteindre 90 ans ou plus. Faisons en sorte qu'elle compte. Nous ne devrions jamais nous précipiter parce que nous souffrons de FOMO. Nous devons vivre avec intention. Comme la plupart des gens (et dans mon cas, des femmes) du monde occidental, j'ai été élevée dans l'idée qu'une vie bien vécue signifie être une bonne enfant, une adolescente sans problème, une étudiante brillante, une travailleuse compétente et déterminée, une épouse dévouée et une mère aimante. Mais personne n'a jamais pris la peine de me poser la question : Qu'est-ce qui te rend heureuse ? Que pourrais-tu faire pour te sentir satisfaite la plupart du temps ? Comment peux-tu générer plus de bonheur dans ta vie et dans celle des autres ? Qu'est-ce qui te passionne le plus et quand te sens-tu la plus vivante ?

Nous croyons que nous ne vivons qu'une fois ; nous oublions que nous sommes en fait vivants chaque jour et que nous ne mourons qu'une fois. Nous n'aurons tous qu'un seul éloge funèbre. Il s'agit de notre héritage : qui nous avons été, ce que nous avons fait, qui a fait partie de notre vie et quel impact nous avons eu. Tous les choix que nous faisons définissent et écrivent cet éloge. Tout au long de notre parcours, il y a tant de choses que nous pourrons recommencer à l'infini. Mais notre éloge funèbre sera le seul que nous aurons, et il durera pour toujours. J'ai commencé à réfléchir à ce que j'aimerais que le mien dise. Non pas pour être morbide, mais parce que cela m'a aidé à réaliser que je devais réorienter ma vie et vivre en conséquence. Voici à quoi j'aimerais qu'il ressemble :

> *« Bérengère était une âme chaleureuse et vibrante. Elle voulait vivre sa vie avec intention. Une vie fidèle à ses convictions et à ses valeurs. Elle était sûre d'elle et vive, avec un sens de l'humour excentrique qui plaisait à tous ceux qu'elle rencontrait. Elle a noué de nombreuses amitiés durables au fil des ans, et le fait que vous soyez si nombreux ici aujourd'hui, avec sa famille, témoigne de sa nature. Si elle pouvait dire encore une chose, je suis sûr que ce serait : « C'était exaltant. »*

Elle croyait que chacun pouvait vivre de manière authentique tout en respectant les autres et leur individualité. Elle voulait faciliter la vie des autres et les aider à atteindre leur plein potentiel, quoi qu'il arrive. Elle prônait l'apprentissage tout au long de la vie, l'enseignement, le partage et la création de liens. Elle disait souvent que chacun devrait faire confiance à son instinct, essayer de nouvelles choses, écouter davantage, ne pas se juger les uns les autres, être gentil et serviable, être une solution et non un problème, voyager beaucoup et rencontrer les gens à mi-chemin. Elle a encouragé tout le monde à voir la vie du bon côté, à tirer le meilleur parti de chaque chose, à sortir de sa zone de confort, à oser davantage et, dans tous les cas, à au moins essayer, car les erreurs ne sont qu'une étape dans le développement. « Parfois, il faut une rupture pour faire une avancée », avait-elle l'habitude de dire.

Son principal objectif dans la vie était de se concentrer davantage sur les expériences que sur les possessions matérielles. S'amuser, trouver des expériences où l'on se sent le plus vivant, et les répéter autant que possible. Bérengère a trouvé son bonheur sur le tatami en s'entraînant au jiu jitsu brésilien, où elle se sentait le plus dans sa zone de flow.

N'oubliez pas de respirer profondément et de rester en mouvement ; cela signifie que vous êtes en vie. Prenez le temps, consacrez du temps aux personnes et aux choses qui comptent le plus, mais ne perdez pas de temps. Partagez, rendez la pareille, faites passer les gens en premier et essayez de voir les choses de leur point de vue. Bérengère croyait que nous devrions tous nous rappeler que nous ne savons jamais si nous voyons les gens pour la toute dernière fois. C'est pourquoi nous devons nous assurer que nous prenons soin d'eux et qu'ils repartent avec un sourire et un sentiment d'épanouissement. N'abandonnez jamais, mais sachez quand lâcher prise, et ne restez pas coincés dans des endroits et avec des gens auxquels vous n'appartenez pas.

Elle manquera à tous, mais son souvenir restera à jamais gravé dans nos mémoires. Nous t'aimons beaucoup, Bérengère, et tu nous manqueras plus que les mots ne peuvent le dire ».

Ce n'est pas une vérité universelle ; et peut-être que la première étape pour s'approprier notre vie et notre mort et savoir comment nous voulons qu'on se souvienne de nous — si nous voulons qu'on se souvienne de nous — est de trouver notre équilibre, ce qui fonctionne pour nous et ce qui nous semble juste. Il n'y a pas de réponse unique en matière de vie. Nous avons tous le droit de rendre notre vie aussi unique que nous le sommes. Nous pouvons veiller à célébrer la diversité, la liberté et les valeurs fondamentales — le respect, la dignité, l'éthique, l'amour, la gentillesse — qui ont été sous-estimées pendant trop longtemps et qui sont pourtant si fondamentales.

D'aussi loin que je me souvienne, j'ai toujours réfléchi à la vie et à la mort. J'ai couru après le « pourquoi ». J'ai toujours été curieuse et fascinée par le pourquoi de tout et de tous. Même si je sais qu'il n'y a pas de réponse disponible à la question « pourquoi la vie et pourquoi l'humanité », j'espère toujours qu'un jour j'en obtiendrai une. Je me dis souvent que si j'obtenais la connaissance universelle le jour de ma mort, ce serait le paradis. Obtenir enfin les réponses à toutes les questions que je me suis posées serait un début parfait de paix éternelle. Personne ne sait ce qu'il y a de l'autre côté de la mort. Mais une chose est sûre : nous ne mourons qu'une fois. Nous devons comprendre que nous ne pouvons pas contrôler le temps qu'il nous reste à vivre ni le moment de notre mort. Nous avons donc deux options : nous suicider et devenir le maître ultime du contrôle ou lâcher prise et comprendre que même si nous ne pouvons pas tout contrôler, nous pouvons choisir d'avoir un certain impact et décider de la façon dont nous voulons que l'on se souvienne de nous. De la même manière qu'il est presque impossible d'effacer complètement quelque chose d'Internet, on ne peut pas vraiment effacer quelque chose de notre héritage. Mais nous pouvons nous assurer que nous sommes satisfaits de ce que nous laissons derrière nous si nous choisissons consciemment dans notre vie l'authenticité et l'intégrité plutôt que les mondanités.

Tout dépend de la façon dont nous voulons que l'on se souvienne de nous. Il faut prendre du recul et réaliser que cette vie n'est pas une répétition. Une fois que nous serons morts, nous ne pourrons plus rien changer. Pendant que nous vivons, nous avons autant de secondes que possible pour changer les choses et faire la différence — une chance de ne pas être la victime de notre temps et de notre vie. Car une mort triomphante est une vie bien vécue.

REMERCIEMENTS

Je suis éternellement reconnaissante à toutes les personnes qui m'ont soutenue pendant la rédaction de cet essai :

Cat, de la conception de la couverture à la mise en page du manuscrit, elle a fait de mon travail et de mes mots un véritable livre !

Charlotte, Clothilde, Éléonore, Kelly, maman et papa, et Shawna, qui ont lu les premières ébauches et m'ont soutenue tout au long de cette aventure.

Ma famille new-yorkaise, mes amis et mon équipe de bêta-lecteurs avec lesquels j'ai eu des discussions permanentes sur ce livre et sur tout ce que je pouvais faire pour le partager avec le monde.

À PROPOS DE L'AUTEURE

Bérengère Humbert, vidéaste et experte en communication numérique basée à Paris, signe son premier essai sur l'exploration existentielle.

Poussée par une curiosité insatiable pour le besoin de sens de l'être humain, elle entreprend un voyage singulier dans son premier essai intitulé « Vivons notre éloge funèbre ». Comme beaucoup, Bérengère Humbert a longtemps été confrontée au poids du temps qui passe inexorablement, cherchant un moyen d'extraire chaque once de valeur de son étreinte fugace. S'inspirant de ses expériences personnelles et considérant la notion que la naissance et la mort sont des événements uniques irréversiblement liés, Bérengère Humbert jette un regard neuf et perspicace sur la valeur du temps, de la vie et de l'essence d'un succès authentique dans la vie comme dans la mort.

Bien que nouvelle dans le monde de l'édition, Bérengère Humbert n'est pas étrangère au travail acharné et au dévouement. Elle a travaillé pendant plus de dix ans dans le monde entier dans les domaines de la diplomatie publique et de la réalisation de vidéos. Immergée dans des environnements et des cultures divers, Bérengère Humbert s'épanouit dans le défi que représente la rencontre de points de vue contrastés. Son expertise et ses réflexions ont été partagées par le biais d'articles méditatifs publiés en ligne et distribués via sa lettre d'information, « The Bear's Tales ».

Ces dernières années, Bérengère Humbert a également passé des centaines d'heures sur le tatami, s'entraînant au jiujitsu brésilien — une quête transformative qui rend l'esprit humble, redéfinit l'échec, le succès et l'effort, et façonne son point de vue unique sur la vie.

Dans « Vivons notre éloge funèbre », Bérengère Humbert explore la notion de temps bien utilisé, l'importance des expériences par rapport aux choses, le besoin d'une meilleure communication et d'une meilleure connexion, la tragédie de la norme et la façon d'être authentique malgré notre peur du rejet. Son style d'écriture est lucide, conversationnel et engageant, et les lecteurs peuvent s'attendre à une lecture instructive et stimulante qui remet en question la pensée conventionnelle et offre de nouvelles perspectives.

Bérengère Humbert est ravie de partager son travail avec le monde et espère que « Vivons notre éloge funèbre » guidera les lecteurs dans un voyage transformateur, éclairant le chemin à suivre pour passer d'une vie d'intentions à une vie intentionnelle.

www.ingramcontent.com/pod-product-compliance
Lightning Source LLC
LaVergne TN
LVHW050915200726
843508LV00011B/2198